贵州大学人才引进项目"贵州省杜仲产业高质量发展研究"
（贵大人基合字（2022）010号）资助

中国杜仲产业经济发展研究

ZHONGGUO DUZHONG CHANYE
JINGJI FAZHAN YANJIU

袁智慧／著

中国财经出版传媒集团
经济科学出版社
Economic Science Press
·北京·

图书在版编目（CIP）数据

中国杜仲产业经济发展研究／袁智慧著．--北京：

经济科学出版社，2025.4. -- ISBN 978 - 7 - 5218 - 6622 - 3

Ⅰ. F326.1

中国国家版本馆 CIP 数据核字第 202542T4R1 号

责任编辑：张　燕
责任校对：王京宁
责任印制：张佳裕

中国杜仲产业经济发展研究

ZHONGGUO DUZHONG CHANYE JINGJI FAZHAN YANJIU

袁智慧　著

经济科学出版社出版、发行　新华书店经销

社址：北京市海淀区阜成路甲 28 号　邮编：100142

总编部电话：010 - 88191217　发行部电话：010 - 88191522

网址：www. esp. com. cn

电子邮箱：esp@ esp. com. cn

天猫网店：经济科学出版社旗舰店

网址：http：//jjkxcbs. tmall. com

北京季蜂印刷有限公司印装

710 × 1000　16 开　13.5 印张　205000 字

2025 年 4 月第 1 版　2025 年 4 月第 1 次印刷

ISBN 978 - 7 - 5218 - 6622 - 3　定价：76.00 元

（图书出现印装问题，本社负责调换。电话：010 - 88191545）

（版权所有　侵权必究　打击盗版　举报热线：010 - 88191661

QQ：2242791300　营销中心电话：010 - 88191537

电子邮箱：dbts@ esp. com. cn）

前言

　　杜仲是第四季冰川遗留下来的孑遗植物,是我国国家二级珍
稀保护野生植物,是远古时代遗留下来的"活化石"植物,我
国杜仲资源总量占全世界的99%(杜红岩,2010)。杜仲的全身
都是宝,杜仲(皮、叶、花、种子等)是中国特有的中药材,
杜仲还是药食同源植物,是新型无抗饲料,同时杜仲是重要的产
天然橡胶的植物,其叶、果、种子、树皮内均含有天然橡胶,杜
仲橡胶具有独特的橡胶和塑料双重特性,对保障我国军工和国防
安全具有重要的作用。目前已经初步形成了以"橡胶、医药、
食品、饲料、碳汇"等为基础的生物产业集群,该产业集群涉
及橡胶、航空航天、国防、船舶、化工、医疗、体育、健康食品
等诸多国民经济部门,其涵盖范围之广,经济价值之高,是其他
天然经济林木产业所无法比拟的,具有新兴一二三产业融合及复
合循环经济产业体系的典型特征。大力培育和发展杜仲产业,也
是促进乡村振兴的重要举措。

　　本书对中国杜仲产业发展进行了系统的梳理,本书共包括八
章的内容,第一章杜仲及杜仲产业概述,第二章杜仲产业发展状
况分析,第三章杜仲产业发展的SWOT分析,第四章杜仲产业市

场运行分析，第五章杜仲产业的流通分析，第六章杜仲产业国际贸易分析，第七章我国主要地区杜仲产业发展分析，第八章促进我国杜仲产业持续发展的对策。

由于个人认知和能力的局限性，有关内容或许存在解释偏差，请大家予以指正。

本书得到了贵州大学人才引进项目"贵州省杜仲产业高质量发展研究"（贵大人基合字（2022）010号）资助。

目 录

CONTENTS

第一章

杜仲及杜仲产业概述

一、杜仲概述

　　杜仲（Eucommia ulmoides），属杜仲科，为地质史上的孑遗树种，是我国国家二级珍稀保护野生植物，也是远古时代遗留下来的植物"活化石"。杜仲是雌雄异株、异花授粉植物，是中国特有的一种植物。杜仲是落叶乔木，从外观来看，杜仲树高可以达到 20 米左右，树干笔直，幼年树皮为灰色至浅棕色，成年树皮为灰白色至暗灰色，树冠呈圆形或卵圆形。杜仲的叶片呈椭圆形、卵形或矩圆形，叶片扁形，叶片前端尖形，尾部圆形或心形，叶片薄纸质或革质。杜仲芽呈椭圆锥形、长圆锥形或桃形，成龄杜仲树雄株的芽比较大而且饱满，为桃形；雌株的芽比较瘦弱，为长圆锥形，杜仲芽被有 6 ~ 8 片鳞片，拥有光泽。杜仲花属于单性花，没有花被，生于当年枝条基部，早于或同时于叶开放。杜仲有雄花和雌花之分，杜仲雄花是簇生的，呈绿色、黄绿色或紫色，有 2 ~ 3 毫米的短梗，有 6 ~ 10 枚雄蕊。杜仲雌花是单生的，柱头 2 裂，并且向两侧伸展或者反向弯曲，有1室子房，有2枚倒生的胚珠。杜仲果实为翅果，形状呈椭圆形、梭形或纺锤形，先端下凹，种仁扁平，呈黄色或米黄色（杜仲产业研究课题组，2022）。杜仲根属于直根系，根冠呈龙爪状，主根明显，侧根发达。杜仲根的颜色会随着树龄的增长，由白色变至浅黄色，最后到暗灰色。

杜仲的最显著和直观的辨别特征是其含有的白色胶丝——杜仲胶。杜仲树皮扯裂后会看到白色胶丝；杜仲树叶扯裂后也可以看到白色胶丝（见图1-1），这是由于在各级叶脉的韧皮部、主脉上下的薄壁组织，以及叶柄的维管束韧皮部及薄壁组织中存在含胶细胞；杜仲的果皮内，特别是在维管束的韧皮部中也存在杜仲胶；杜仲雄蕊的花丝及药隔的维管束韧皮部也有含胶细胞的分布，扯裂后同样可以看到白色胶丝（杜红岩，2003）；在杜仲的幼茎中，皮层薄壁组织、初生韧皮部或髓部分散着含胶细胞，在杜仲老茎中，次生韧皮部存在着含胶细胞；同样在杜仲根内的韧皮部也存在含胶细胞（杜仲产业研究课题组，2022）。这些含胶细胞的分布使得杜仲全身都具有产胶的能力，这也是杜仲胶的重要来源。杜仲胶不仅是辨别杜仲的一个重要特征，也具有增强韧性、抗撕裂的功能，在传统中医和现代生物科技中都有广泛的应用。

图1-1 杜仲叶中的天然橡胶

（拍摄人：袁智慧）

杜仲的适应性比较强，能够在多种土壤和气候条件下生长。在平均气温为11.0℃~18.0℃的区域，年均降水量在400~1500毫米的区域都能正常生长，但是在极端高温不高于42℃和极端低温不低于-40℃之间的区域，其根系也能存活。在除过于瘠薄、盐碱地、低洼容易积水和土质黏重的区域之外的多种类型的土壤（如酸性、中性、微碱性及钙质等土壤）中都能正常生长，对土壤的要求不高。杜仲在生长初期树高增长较慢（见图1-2），10~20年是杜仲树高增长的速生期，此时生长速度最快，从20年后开始，树高生长的速度逐渐下降，到50年左右，杜仲树高的生长基本停止，进入一种稳定的状态。和树高生长类似，杜仲的胸径在生长初期也增长缓慢，15~25年是杜仲胸径增长的速生期，此时胸径增粗速度最快，从25年后开始，杜仲的胸径增长速度逐渐下降，到50年左右，杜仲胸径的生长基本停止。

图1-2　杜仲幼苗

（拍摄人：袁智慧）

根据中国东部发现的古新世时期（约6600万年至5600万年前）的最早杜仲花粉化石显示，杜仲很可能在古新世时期起源于中国东部，之后向外传播扩散，扩散到中国南部广东省，向北扩散到日本的北海道、美国阿拉斯加等北美地区。由于气候环境变化，直到约2300万年至500万年前的中新世早期，北美地区的杜仲消失了。到了晚第三纪时期，杜仲已经在欧亚大陆广泛分布。随着约 260 万年前至现在的第四纪冰期的到来，杜仲在欧洲也逐渐消失，然而在中国中部地区，杜仲存活了下来并一直生长到现在（杜仲产业研究课题组，2022）。

野生杜仲的分布中心主要在中国中部地区，杜仲自然分布在北纬 25°～35°，南北横跨 10°左右，东经 104°～119°，东西横跨 15°左右的范围内，之后经过引种驯化扩大了分布范围，目前我国的亚热带至温带的 28 个省、自治区和直辖市都可以种植（杜仲产业研究课题组，2022）。国内引种是从 1955 年辽宁沈阳引种栽培成功开始的，之后种植区域再度北移，在 1993～1996 年，吉林省白山市和通化市相继引种栽培成功，自此开始了杜仲大幅北移种植。但南方的广州市和南宁市引种的杜仲受病虫害影响，杜仲生长不佳。国外引种的历史已经有 100 多年，19 世纪末，法国、日本、英国皇家植物园邱园都从中国成功引种。20 世纪初，俄罗斯为解决硬性橡胶缺乏的问题，开始从中国引种，并在黑海附近和北高加索地区大面积栽培。20 世纪中期，美国加利福尼亚州、犹他州、伊利诺伊州、俄亥俄州、印第安纳州进行了引种和栽培。除此之外，韩国、朝鲜、德国、匈牙利、印度、加拿大等国家也相继从中国引种杜仲（杜仲产业研究课题组，2022）。不同国家在引种栽培中取得了不同程度的成功，也展示了杜仲在不同气候和地理条件下的适应能力。从杜仲的栽培历史来看，20 世纪五六十年代，在贵州省遵义市、湖南省慈利县、江苏省南京市等地较早建立了杜仲专业林场（杜仲产业研究课题组，2022）。遵义市和慈利县已经被授予"中国杜仲之乡"称号，并对当地的杜仲产品实施地理标志产品保护。其中，湖南省慈利县江垭国有林场是全国第一个杜仲专业林场，目前保存杜仲面积 5000 多亩，建立了杜仲高效栽培示范基地 55 亩，异地保存的华仲系列共 4 个品种 5000 株苗木。20 世纪 70 年代以后，国家扩大了杜仲基地范围，在湖北省郧西县、河南省汝阳县、河南省灵宝县、陕西省略阳县、陕西省岚皋县、江西省井冈山市、甘肃省陇南市和江苏省响水县等地也建立了不同形式的杜仲基地（杜仲产业研究课题组，2022）。其中，郧西杜仲、汝阳杜仲、灵宝杜仲和略阳杜仲都获得了地理标志产品保护。从栽培种植的情况来看，种植在北方地区（河南省、河北省、北京市、山东省、山西省等地）的杜仲生长速度高于种植在南方地区（四川、贵州、湖南等地）的杜仲生长速度，在新疆阿克苏、喀什等生态脆弱地区生长表现稳定（杜仲产业研究课题组，2022）。

杜仲作为我国传统的中药材，有着悠久的入药历史，我国最早的药学著作《神农本草经》中对杜仲的补中、益精气、强筋健骨、久服轻身耐老等药用价值进行了详细记述。由李时珍所著的中国传统医药学的经典——《本草纲目》一书中，更为详细地记述了杜仲的名称由来、形态特征和药效，其中提到了杜仲有明显的强筋壮骨、补肝肾的作用，适用于治疗腰椎间盘突出、四肢瘫痪、慢性腰痛等问题，可以安胎，对于怀孕期间的不适症状有一定疗效。杜仲的药用价值不仅在国内获得高度认可，也在国际上得到广泛关注和研究，日本大学药学部高桥周七教授（1999）提出，杜仲具有补五脏六腑的功效，而人参只能补五脏，无法补六腑。美国哈佛大学胡秀英教授（Hu Siuying，1979）认为，杜仲是世界上最高质量的天然降压药物。杜仲的不同部位在药理作用和化学成分上存在差异，同一药用部位的不同化学成分可能对相同药理作用机制有所不同（杜仲产业研究课题组，2022）。经过众多科研工作者的研究，发现杜仲各个部分（包括皮、叶、花、果）都含有丰富的活性成分。杜仲皮中含有丰富的木脂素类和环烯醚萜类化合物，主要用于强筋壮骨、抗炎、降血压和保肝护肾等。杜仲叶中富含绿原酸、杜仲多糖等成分，主要用于降血压、抗氧化、调节免疫功能和降低血脂。杜仲雄花中包含高含量的松脂醇二葡萄糖苷，具有良好的降压效果，富含丁香脂素二葡萄糖苷，具有抗癌、抗健忘（改善记忆）以及增强运动耐力等多种生物学功能（杜仲产业研究课题组，2022）。杜仲果中含有黄酮类和环烯醚萜类化合物，具有抗菌、抗病毒作用。杜仲的多样化活性成分使其在医学和保健领域具有广泛的应用前景。通过对杜仲皮、叶、雄花及果的不同成分和药理作用的详细研究，不仅丰富了中药材的科学基础，也为其在现代医学中的应用提供了坚实的理论支持。同时，杜仲制品如杜仲茶、杜仲胶囊等保健品的开发和上市也进一步彰显了杜仲作为重要中药材的商业和医学价值。日本科研人员在较早时期就开始了对杜仲的全面研究，包括成分分析、药理试验、药用机理探索以及产品开发等多个方面。我国在20世纪80年代开始了杜仲的综合利用研究，在国家的持续支持和科研团队的不懈努力下，目前中国在杜仲研究与开发领域取得了一系列成果，提取和加工工艺不断突破，发明专利不断丰富，新建企业不断增加，企业规模不断扩大，核心技术不断创新，目前我国生产的主要杜仲产品种类有300个左右，包括杜仲油、杜仲雄花茶、杜仲茶、杜仲功能型食用菌、杜仲酒、杜仲饲料、杜仲保健品、杜仲橡胶产品等。这些成果不仅推动了杜仲在医疗、保健、食品、农牧等多个领域的应用，也大大提升了杜仲产品的市场竞争力，推动了杜仲产业链的不断完善。

二、杜仲的重要价值

（一）杜仲的经济价值

杜仲的全身都有价值，其果实、树皮、叶子都含有杜仲胶和珍贵的药物成分。杜仲胶因其独特的化学和物理特性，在多个领域表现出巨大的应用潜力和市场价值。

首先，杜仲因其丰富的营养成分和药用价值，被广泛应用于食品、保健品和化妆品等领域，产生了巨大的经济价值。目前在杜仲叶片、种子和树皮中鉴定出的代谢物主要为木脂素类、苯丙素类、环烯醚萜类、黄酮类化合物，还有酚类、三萜类、甾类、多糖，此外，还含有丰富的营养成分，如氨基酸、脂肪和微量元素等。杜仲的皮和叶都富含绿原酸和京尼平苷酸，对人体有多种保健功效，并且无毒副作用。杜仲雄花的氨基酸含量和黄酮含量都非常高，远远超过松花粉和银杏叶。杜仲籽油中富含 α-亚麻酸，含量远远高于橄榄油、核桃油和茶油。这些活性成分让杜仲成为开发现代中药、保健品、功能食品和饮品的优质原料，在已经公布的保健食品功能中，杜仲占据了一半以上。杜仲的多功能性和高价值成分，使其成为开发高端保健品和食品的重要原料，同时为健康产业提供了新的发展方向。发展杜仲产业不仅有助于提升健康产品的附加值，还可满足人民日益增长的健康需求，推动相关产业链的创新和可持续发展。

其次，杜仲还有更重要的战略价值，就是杜仲胶的发现。杜仲胶作为一种高性能的天然橡胶材料，不仅在传统橡胶工业中发挥着重要作用，还在多个高科技领域展现出独特的应用价值。杜仲胶应用于轮胎制造，其高耐磨性显著提升了轮胎的滚动阻力和耐磨耗性能，同时延长了轮胎的使用寿命。每吨杜仲胶用于轮胎制造可以节省约2.5%的油耗，等效于节油70吨，并减少200吨二氧化碳的排放（赵志超，2011）。为了解决长期困扰航空业的轮胎强度、寿命及摩擦发热等问题，大幅度减少飞机轮胎爆裂带来的灾害风险，同时也为了顺应国际上发展长寿命、高强度、安全、节能"绿色轮胎"的发展趋势，世界首批生物基杜仲航空轮胎于2017年由沈阳化工大学制备成功，杜仲胶在航空轮胎中的应用，为国防工业和航空航天工业提供了新型橡胶材料支持（康海澜等，2019）。杜仲胶与塑料共混改性可以制造出高性能的塑料合金，这些合金广泛应用于汽车部件、体育运动器材等领域，具有广阔的市场潜力（杜仲产业研究课题组，2022）。杜仲胶具有良好的耐磨性和抗老化性能，适用于在恶劣环境下工作的海底电缆，拓展了其在海洋工程中的应用。杜仲胶用于制造高性能三角带，因其耐磨、耐高温、抗老化等特性，在工业传动系统中表现出优异性能。杜仲胶用于制造医用夹板，其良好的弹性和强度为医疗器材提供了新的选择。形状记忆材料如杜仲胶/甲基丙烯酸锌形状记忆材料、杜仲胶/碳纳米管热电双重形状记忆材料、发泡杜仲胶基形状记忆材料、二氧化硅补强杜仲胶形状记忆复合材料，一般应用在智能设备和医疗器械中，其中的杜仲胶提高了这些材料的性能。杜仲胶具备出色的减震和降噪特性，被广泛应用于建筑、交通工具等领域，以创造舒适、安全的环境。杜仲胶经过特定的改性处理，可以在特定环境下，例如高温、高压、潮湿等，展现出特殊的功能，被应用于特殊环境的装备制造中。从高耐磨性轮胎到高性能塑料合金，从海底电缆到形状记忆材料，杜仲胶在推动传统行业升级和高科技产业发展的过程中起到了重要作用。杜仲橡胶产业是我国林业和橡胶工业发展的新兴战略支持产业，是解决我国优质天然橡胶资源匮乏、降低对外依存度的重要途径，具有巨大的战略意义。通过大力发展杜仲橡胶产业，不仅能提高我国天然橡胶的自给自足能力，推动高端工程材料的发展，还能服务于国防和其他国家重大战略需求，带动相关产业链发展，促进实现高质量、可持续的经济增长。

最后，杜仲叶以其丰富的营养成分和特殊的药理作用，在动物养殖和功能饲料中的应用前景广阔，产生了良好的经济价值。杜仲叶内含有丰富的营养物质，如粗蛋白、粗脂肪、维生素和氨基酸，这些成分能够满足动物（牛、羊、猪、鸡、鹅、鱼等）生长发育所需的大部分营养需求（耿国彪，2017）。此外，杜仲叶中还含有抗菌消炎等活性成分，这些成分能够提高动物的免疫能力，减少疾病的发生。杜仲功能饲料的使用有助于减少养殖过程中的抗生素使用，降低抗生素残留，从而保障国民肉蛋奶等农产品的质量安全。用杜仲叶功能饲料喂养畜禽，不仅能够显著提升养殖效果，优化肉蛋奶的质量，还能提高动物免疫力，减少抗生素的使用，保障食品安全。全面开展杜仲无抗健康养殖技术研发与产业化开发，对提升国民肉蛋奶质量，保障农产品安全具有重要意义（杜仲产业研究课题组，2022）。这一技术的推广与应用，不仅为农业产业链增添新动能，还推动了绿色环保和可持续的农业发展模式，也为国家的食品安全和健康事业作出了重要贡献。

（二）杜仲的社会价值

在习近平总书记"绿水青山就是金山银山"理念的指导下，杜仲产业这种环保和经济效益兼备的工农业复合型循环经济特色产业具有广阔的发展前景。通过"杜仲＋扶贫"相结合，采用"公司＋合作社＋农民"的模式，推动精准扶贫和乡村振兴。这种模式通过公司主导、合作社组织和农民参与，实现资源整合、风险共担、利益共享，切实提高了贫困地区的经济效益和农民的收入水平。同时科技的发展对杜仲产业的带动和引领作用显著增强，杜仲产业规模呈现快速增长态势，已经提升到500亿元左右（杜仲产业研究课题组，2022）。通过杜仲种植和产品开发，有利于带动贫困地区经济增长，巩固脱贫成果。杜仲全产业链的发展，从种植到加工，从研发到销售，能创造大量的就业机会，帮助扶贫对象实现长期稳定的收入增长，提高了生活水平和经济自主能力，缓解了农村地区就业压力。通过大力发展杜仲产业，有效带动了河南、湖南、山东、陕西等10多个省区市的20万余人实现脱贫（杜仲产业研究课题组，2022）。同时通过发展杜仲产业，可以促进农村经济多样化，提升农村抵御市场风险的能力。发展杜仲产业能够带动相关上下游产业的兴起，实现工业与农业的良性互动，优化产业结构。从政策支持、科技创新、企业引领到农户参与，通过多方协作和资源整合，不仅有效巩固了精准脱贫成果，还在促进乡村振兴与区域经济发展方面发挥了重要作用。杜仲产业发展和就业机会的增加有助于维护社会稳定，促进和谐社会的建设。

（三）杜仲的生态价值

杜仲具有优良的生态学特性和广泛的适应力，使其在生态建设和城镇化建设中展示了巨大的应用潜力。杜仲种植在贫困山区和荒山荒地，能够有效绿化荒山，提高植被覆盖率。由于杜仲的根系发达，对干旱、半干旱地区的水土保持和防止水土流失具有重要作用，同时杜仲能够通过改善土壤结构和生态环境，增强水源涵养能力。在兰州北山和黄河滩地、新疆等生态脆弱区引种成功，证明杜仲在生态脆弱区的修复和生态改善上具有显著效果。除此之外，杜仲的树形优美且抗病虫害，适合用于城市公园、庭院的绿化，提高城市的生态环境和美观度。杜仲可以广泛应用于城市和乡村的公共绿地、道路绿化带、田间地头及村庄周围的绿化，提升整体绿化质量。在农田周边种植杜仲，可以作为防护林带，减少风沙侵蚀，保护农作物。杜仲作为我国的乡土树种，具有强大的抗逆性和广泛的适应性，不仅在生态治理和环境保护方面具有重要作用，同时也具备显著的经济效益。通过大力推广杜仲种植，不仅可以改善生态环境，还能促进当地经济发展，实现生态、经济与社会效益的多赢局面。

三、杜仲产业概述

（一）概念界定

1. 产业

随着社会分工的产生和发展以及生产力的不断发展，出现了产业。产业一词最早出现在马歇尔 1892 年撰写的《产业经济学》一书中，他首次提出"产业是一个各部门之间分工与协作的微观企业"，这个定义是从商品市场角度界定的。列昂捷夫等经济学家从产业联系角度提出"产业是指社会同类微观企业"（韩梦语，2018）。斯蒂格勒等经济学家从产业组织角度提出"产业是指在市场中存在竞争关系的，而且相互之间生产同类商品的企业的集合"（韩梦语，2018）。之后，产业的概念逐渐演变为具有某类共同特性的企业集合。产业是各相关行业组成的业态总称，虽然相关行业各环节中的经营方式、模式、形态等不同，但企业间围绕同类产品展开经营，分工协作，利益共享，实现各自行业内部循环。我国经济学者芮明杰（1996）提出，"产业是指国民经济中的各行各业，包括农业、工业、服务业等所有领域，每个具体产业由同类型企业集合组成"。周新生（2005）将产业定义为，由国民经济中具有同一性质的经济社会活动单元构成的组织结构体系。产业的内涵和外延随着社会经济的不断发展还在不断充实和扩展。

2. 杜仲产业

杜仲产业是一个集合性、动态性的概念，有广义和狭义之分。从狭义的角度看，杜仲产业是指杜仲的生产，主要是指杜仲的种植业，包括各种品种和模式的种植。从广义的角度看，随着社会经济的快速发展以及科技的不断进步，杜仲产业已经从传统种植产业向现代产业转型，产生了从种植到加工，从产品到产业的过程，产业体系更加全面、系统，形成了包括杜仲生产、加工、销售、流通、贸易、科技等各环节经济活动的广义产业。广义的杜仲产业是一个产业集群的概念，杜仲产业集群是以"橡胶、医药、碳汇"等为基础的生物产业链，该产业链涉及橡胶、航空航天、国防、船舶、化工、医药、体育、健康食品、饲料等诸多国民经济部门，其涵盖范围跨产业、跨部门、跨行业。杜仲产业具有新兴一二三产业融合及复合循环经济产业体系的典型特征（杜红岩等，2016）。杜仲产业作为各产业间的纽带，紧密联系国家、农民和企业三方利益主体，有助于解决经济、社会问题，杜仲产业具有重要的战略地位，发展前景十分广阔。

3. 杜仲产业经济

产业经济是指一个国家或地区整体经济体系中不同产业之间的相互关系、发展趋势以及它们对整体经济的影响的研究领域，它关注各种经济活动的组织、运作和相互关系，以及这些活动对整个经济系统的影响。产业经济处于宏观经济与微观经济之间，属于中观经济，其研究对象是"产业"，主要包括产业结构、产业组织、产业关联、产业布局和产业政策等。产业经济研究有助于深入了解整个经济系统的运作机制，为政府制定政策、企业制定战略提供理论和实证基础。

杜仲产业经济是指杜仲产业结构、产业关联、产业布局、产业组织的影响因素以及内在的规律和机制，涵盖了杜仲生产、加工、仓储、物流、销售、贸易、消费以及科研与服务等多个环节的经济价值联系与投入产出关系。杜仲产业经济是一个综合性的产业体系，涉及了从农业、药材生产到保健品、国际贸易等多个领域。杜仲产业经济的研究有助于更好地了解杜仲产业的运行机制，促进其可持续发展。

（二）杜仲产业发展的理论基础

1. 农业产业化理论

农业产业化理论的发展背景和特点，主要集中在 20 世纪 50 年代的美国。二战后，美国农业面临劳动力和市场需求的增加，促使农业产业快速发展，农业产值和产量都迎来了增长，农业进入振兴期。在这一时期，哈佛大学教授约翰·戴维斯和雷·戈德堡（John H. Davis & Ray A Goldberg，1957）提出了"农业综合企业"的概念，将农业产业的生产、加工、供应、销售等环节进行了综合研究，这标志着农业产业化理论开始初现。"农业综合企业"概念强调农业产业在发展过程中的多个阶段，以及多个经营主体在不同阶段的不同身份和目标。尽管这些经营主体在经营目的、利益获取途径和方式上存在差异，但他们的共同目标是通过一体化经营来促进农业特色化发展，提高农业产业竞争力。一体化经营是推动农业产业化的有效手段。农业产业化是引领农业特色化蓬勃发展的不可或缺的路径。

随着改革开放的深入，20世纪90年代，国内开始关注并研究农业产业化的理论与实践。尽管在农业产业化理论的引入初期存在对概念的争议和定义上的不一致，但学者们一致认为，农业产业化理论的核心目的是实现农业产业利益最大化，其中包括长期和长远利益。这也强调了在农业产业化过程中，要关注产业的长远健康发展，而不仅仅是眼前的经济效益。

农业产业化发展要以市场经济为导向，农产品的生产和销售需要更好地适应市场需求，提高市场竞争力，通过市场机制调控，实现农业产业的最大经济效益。农业产业化发展要以特色产业为依托，通过培育、发展具有地方特色和优势的农产品，提高产品附加值，形成独特的产业优势。同时先进的生产技术、生物科学技术以及发达的物流配送体系等，都有利于提高特色产业的生产和经营的效率。最终农业产业化的发展要能够促进农民的增收，改善农民的生活水平，加快农村建设。在杜仲产业发展过程中，要积极推进科技创新，培养优良品种，提高杜仲产值，同时要发挥龙头企业的带动作用，形成一体化产业集群，构建杜仲现代产业体系，实现杜仲产业整体效益最大化（舒骥，2022；杜红岩，2020；晁念文，2022）。

2. 资源禀赋理论

资源禀赋理论是由瑞典经济学家赫歇尔（Heckscher）和俄林（Ohlin）分别在20世纪初提出的（刘妮雅，2018）。资源禀赋理论强调了不同国家或地区的劳动力、资本、自然资源等生产要素的相对丰富程度不同，建议每个国家或地区应该专注于那些与其拥有的相对丰富生产要素相关的产业，实现比较优势。具体而言，拥有丰富的自然资源（如石油、矿产等）的国家或地区，可能在相关的产业（如石油加工、矿产开采）上拥有比较优势；拥有大量廉价劳动力的国家或地区，其在劳动密集型产业（如纺织业、制造业）上具有比较优势；拥有大量资本的国家或地区，其在高技术产业（如先进技术、资本设备等）中具有比较优势。这种相对优势形成了比较优势，使得各国在国际贸易中可以出口其相对优势领域的产品，进口其他领域的产品，实现互利互补，实现资源的有效配置，提高整体生产效率，促进各国的经济发展。

农业的发展离不开当地的自然资源条件，不同地区的气候、土壤、水资源等条件各异，因此在农业发展中需要因地制宜，根据当地的资源特点选择适合的农业种植方式和作物品种，这有助于提高农业生产的效益和可持续性。如山地地区由于土地资源处于相对劣势，不太适合大规模的传统农业，而杜仲对环境的适应性相对较强，能够在不同的气候和土壤条件下生长，这使得它在山区等复杂地形环境中都能够找到适合的生长地。杜仲是我国特有的植物，其有着多种用途和功能，对于当地农业经济的发展具有重要价值。在山区等地，农民通过种植杜仲，发展特色产业可以实现农业产业的多元化，提高农民的收入水平。

3. 制度变迁理论

道格拉斯·C. 诺斯（Douglass C. North）是制度变迁理论的创始人和主要代表人物之一（刘妮雅，2018）。其在《制度变迁与经济理学》著作中提出了将制度因素纳入经济增长的解释之中，对于理解经济增长、发展和社会变革的关系有着深远的影响。诺斯将制度定义为"规范、约束和激励的一整套体系，它构成了社会和经济交往的基础"。他强调制度是人为设计的一系列规范，用以规范和约束人们在社会与经济中的交往和合作方式。他将制度看作社会的游戏规则。制度变迁理论认为，制度的存在和变迁是为了促使社会中的个体合作，以获取那些在缺乏合作机制时难以获得的额外收益，或者说通过影响法律和产权等机制来改变人们在合法竞争中的方式（刘妮雅，2018）。制度并非可以随意创造或更改的，而是受到限制和约束的，具有有限性，是一种稀缺资源。当现有制度的需求与制度的供给之间达到了一种平衡状态，制度在这种情况下会相对稳定。在现有制度安排无法满足人们需求的情况下，就会发生制度变革和创新，即制度的变迁（谭春兰，2013）。制度变迁可以分为诱致性变迁和强制性变迁。强制性变迁是政府在制度变迁中发挥主导作用，为了解决社会问题，促进经济发展或实现其他政府制定的目标，通过法律、政策、规定等手段引导和推动社会制度的改变，是"自上而下"发生的。诱致性变迁是个人和企业自主启动的，他们看到新制度提供了更好的机会、回报或其他激励，自发组织并实现的制度变迁，是"自下而上"发生的。这两种路径的制度变迁方式在实践中经常交织在一起，形成复杂的变迁过程。制度变迁的过程中，路径依赖问题发挥着制约作用。路径依赖强调历史因素对当前和未来制度演变的重要性，即过去的选择和决策对于后续的发展产生深远影响。一旦形成了某一制度，其后续发展就可能受到这一历史路径的制约，形成路径依赖现象。一旦选择了某一路径，后续的投入和努力可能会实现报酬递增。一旦某一制度形成，它可能通过自身的运行形成自我强化机制，使其更难以改变。如果既有经济制度通过历史的积累和发展进入了一种良性状态，可能会得到优化和提高效率。相反，如果既有经济制度进入了恶性状态，可能导致低效率，甚至进入一种锁定状态（刘妮雅，2018），制度的锁定可能会阻碍创新和资源有效配置，难以实现制度变迁，最终会阻碍经济增长。因此，选择正确的制度变迁路径可以推动制度的优化和经济的良性循环，实现相互促进的效果（刘妮雅，2018）。

由于技术的创新推动作用，杜仲产业从传统产业向现代产业转变，新品种的选育、现代栽培及提取加工等技术的应用提高了生产效率，提升了产业的竞争力，推动了杜仲产业的快速发展，带来了产业规模的迅速扩大，同时也为杜仲产区的发展和转型提供了强劲的动力。市场需求随着市场规模的扩张，变得更加多样化。这种多样化的需求反过来成为引导技术创新的新驱动力（刘妮雅，2018）。企业需要不断适应这些多样化的需求，以保持竞争力。只有能够满足多样化需求的技术和产品才能在市场中获得经济效益。在这个过程中，适应变化的制度可以为企业和创新者提供更好的发展环境，帮助其更好地适应市场需求的变化。如果制度不完善或者不能及时调整，可能会成为制约产业未来发展的因素。因此，制度变迁可以通过为创新提供更好的环境促进产业升级和调整提供支持，从而助推产业不断适应市场的发展需求。当前，杜仲产业发展面临着一些瓶颈问题，适时的制度改革对于突破瓶颈、实现产业的可持续发展至关重要。杜仲产业制度变迁需要企业、农民和政府的共同参与和推动，要解决杜仲产业出现的产品研发技术不高，优质种质资源缺乏，产业化水平低等问题，需要有相应的制度规范和政策引导，这样才能推动产业朝着更加健康、创新和可持续的方向发展。

4. 可持续发展理论

可持续发展理论的起源可以追溯到 20 世纪中期，20 世纪五六十年代，早期的环保运动开始关注工业化对环境的负面影响。1962 年，生物学家瑞秋·卡逊的著作《寂静的春天》揭示了农药对生态系统的破坏，引起了公众对环境问题的关注。1972 年，联合国召开了首次环境大会，通过了《人类环境宣言》。这为可持续发展理论的形成奠定了基础，开始将环境问题与经济发展联系起来。1987 年联合国世界环境与发展委员会提出了《我们共同的未来》（通称布伦特兰报告），该报告明确指出，地球的资源和能源是有限的，远不能满足不断增长的人类需求。该报告强调了环境、能源和发展之间的紧密联系，不可分割，环境危机会造成能源危机和发展危机。人类必须改变其发展模式。报告中首次正式定义了可持续发展（刘妮雅，2018），并提出了满足当前需求而不损害未来世代需求的概念。这一报告奠定了可持续发展理念的基础，为后来在全球范围内推动可持续发展目标和实践提供了指导原则。可持续发展概念的逐渐广泛应用表明人们认识到可持续发展不仅是生态学领域的问题，还涵盖了经济、社会以及更广泛的人文领域。可持续发展概念的广泛应用反映了对整体人类社会发展的综合性思考。

可持续发展涵盖了多个层面，从环境、社会到经济等多个角度。不同学者关于可持续发展的定义主要有以下四个维度：第一，从自然属性维度来看，可持续发展注重生态系统的保护和生态平衡的维护，为了实现人类生存环境的可持续性，强调保护和增强环境系统的生产和更新能力，追求最佳生态系统。第二，从社会属性维度来看，可持续发展更加关注社会的承载力，强调地球生态系统对人类生产生活方式的限制，要求在发展中考虑社会公正和社区参与，倡导提高生活质量和优化生活环境。第三，从经济属性维度来看，经济发展是可持续发展的核心，要实现经济发展最大化，绝不能以牺牲资源和环境为代价（刘妮雅，2018），一定要在保障自然资源和环境质量的前提下发展。第四，从科技属性维度来看，降低资源消耗的手段就是技术进步，因此清洁、高效是新技术开发和选择的目标。可持续发展需要在经济、社会、环境和科技等多个方面实现协调发展。它不仅关注当前世代的需求，还要确保不损害未来世代的需求，追求经济发展，转变生产方式，提高人们的生活质量和健康水平，创造并保持良好的生态环境，实现人类与自然的和谐共生（刘妮雅，2018）。

杜仲特色产业发展，要坚持可持续发展理念。第一，协调发展。一方面，协调杜仲特色产业内部的各个环节，确保各个环节的可持续；另一方面，也要实现企业、社会、环境资源层面的外部协调，实现可持续的综合发展。第二，公平发展。发展杜仲产业要注重林地生态环境的保护，实现生态效益的提升。第三，整体发展。要将杜仲特色产业所在区域进行整体协调规划，进行系统性开发，实现经济效益和生态效益的融合发展。将各个生产环节视为子系统，确保它们之间相互协调，为可持续发展奠定基础。第四，多维度发展。杜仲特色产业发展中，要提倡多维度发展，延长产业链，提高上游产品品质，进行深加工，同时大力发展下游中药保健业、橡胶业、粮油业、饲料业及生态旅游业，实现复合型发展，这体现了杜仲特色产业在多个维度上的发展，不仅局限于农产品的生产，还包括相关产业的大力发展。第五，高质量发展。在可持续发展战略的框架下，通过技术创新、政策激励、品牌建设与市场推广等，使得杜仲特色产业实现经济增长与生态平衡、社会责任与创新驱动的有机结合，实现高质量发展的可持续路径。这有助于更好地满足当前和未来社会的需求，确保杜仲产业长期稳健可持续发展（晁念文，2022）。

（三）杜仲产业链分析

1. 产业链的概念

18世纪中期，亚当·斯密（Adam Smith）在他的经济学著作《国富论》（*The Wealth of Nations*）中提出了关于分工和生产组织形式转变的论述，他指出，通过将生产过程分解成多个独立的环节，每个工人专注于其中的一个环节，可以显著提高效率。他将这一概念描述为一种"迂回的链条"，即一系列相互关联的生产环节（郭大力，2011），这一概念为产业链思想的萌芽奠定了基础。1890年，经济学家阿尔弗雷德·马歇尔（Alfred Marshall）在他的经济学著作《经济学原理》（*Principles of Economics*）中，首次将分工概念扩展到整个产业。他强调了企业之间的相互依赖关系，提出了供应和需求之间的相互作用，强调了不同企业之间的协同合作。马歇尔将分工的概念从仅仅是企业内部的活动扩展到了整个产业，强调了分工对整个经济的影响。这种扩展使得产业链的思想更加完整和系统，马歇尔被认为是产业链理论真正起源的关键人物之一，他的工作为后来的研究和实践提供了理论框架。1979 年，迈克尔·波特在其著作《竞争战略》（*Competitive Strategy*）中提出了"价值链"的概念（靳松，2006），进一步推动了对产业链的研究和理解，也成为了主要研究方向。

国外学者倾向于使用价值链、供应链等衍生概念，国内学者更倾向于使用产业链概念，其是中国化的研究概念。国内学者对产业链的研究可能更注重中国的实际情况和国情，强调了对产业链的中国化视角。国内学者对产业链的研究比较广泛，但并没有形成一个统一的概念界定。郁义鸿（2005）将产业链视为涵盖了从产品或服务的生产一直到最终销售的全过程。基于"过程论"的产业链观点强调了产业链不仅是一系列相互关联的环节，更是一个从始至终的、有机的过程，为产业链管理和研究提供了有益的理论支持。龚勤林（2004）和芮明杰（2006）提出不同经济主体之间要实现价值创造和增值，形成了产业链链条式关联关系或时空分布。基于"价值论"的产业链观点更加侧重于经济主体之间的协同，以实现价值的最大化。这种理论视角对于企业制定产业链战略、协同合作和创造竞争优势都具有指导意义。吴金明（2006）强调了产业链中的各个环节和参与主体之间的分工和组织关系，将产业链视为一种协同组织形式，产业链包括了若干"内含链"维度，如价值链、企业链、供需链和空间链等。基于"组织论"视角的观点强调了产业链作为一种组织形态，各个内含链的协同运作有助于整个产业链的有效组织和协同发展。

结合以上产业链概念的论述，产业链可以看作产业经济学中的概念，是不同产业部门间以经济技术为基础，以价值增值为目标，依据特定的组织逻辑关系和时空布局关系客观形成的链网式关联关系形态（靳松，2006）。产业链有狭义和广义之分，狭义产业链是指从原材料采购、生产制造、加工一直到最终产品制造的各个生产部门构成的完整链条（张俊琦，2019）。这一概念强调了生产制造过程中各个环节之间的有机关联，形成了一个从产业链上游到下游的有序流程。广义产业链是在狭义产业链的基础上向外扩展到整个产业的上下游，延伸到上游的基础产业和技术研发环节，延伸到下游前端的市场销售环节。除了尽可能地拓展这种纵向关系外，还可以拓展相同或相似分工带来的相互补充的横向关系（董丽，2023）。广义的产业链是一个宏观的概念，首先，它关注整个产业体系，包括不同阶段和环节。它不仅指单个企业或活动，而且考虑了整个产业中各个节点（如供应商、制造商、分销商等）的关系和相互作用。它因关注的对象或侧重点而有所不同，例如当关注对象是企业时，产业链的具体表现可以被称为企业链；当关注的是价值增值时，产业链的表现可以被称为价值链（董丽，2023），产业链的多重特征是基于多重维度的理解，产业链作为一个基础概念，为其他内含链（如供应链、企业链、价值链）的形成和演化提供了基础（董丽，2023）。其次，产业链的空间结构属性的复杂的关系网既带来了协同合作和技术传播的优势，同时也增加了风险传导的速度和连锁效应的风险。企业在产业链中的位置和与其他节点的关系，对整个链条的稳定性和韧性有着重要影响。

综合来看，产业链实质上是一个动态的、相互联系的系统，各个环节之间通过紧密关联和协同实现了产品或服务的价值创造和转移。这种协同作用不仅体现在上下游的关系，还包括相同或相似分工带来的横向关系（董丽，2023），构成了一个复杂而有机的整体。

2. 农业产业链的概念

在产业链概念的基础上产生了农业产业链的概念（杨敬华和蒋和平，2005）。农业产业链连接了与农业生产前期（农业科研、农产品种植、牧渔业饲养、农资器具）、生产中期（农产品加工与物流）和生产后期（农产品流通与销售）相关的企业、农业组织、政府部门等构成的链网结构，是连通资本、资源市场与产后的需求市场并具有一定的服务功能的纽带。从供应链的角度来看，一般包含生产前期环节、生产中期环节、生产加工环节、产品流通环节和产品消费环节，包含着价值、组织、产品、物流、信息、创新等多个链条。农业产业链作为一个自组织系统，以劳动分工为基础，通过降低交易成本和分散经营风险，促进了整个系统的协同运作（罗振豪，2023）。由于涉及更多的自然环境因素、季节性变化以及农业政策的影响，农业产业链系统具有相对复杂性和脆弱性。

为不断提高农业产业链的稳定性和竞争性，需要不断地优化农业产业链的长度、宽度和厚度，需要尽可能地进行横向和纵向的延伸。农业产业链横向延伸是指在农业产业链的不同环节上，通过整合其他产业元素，不断发展新的配套产业，以形成新兴的农业业态（如休闲农业、生态农业等）。这种横向发展通过充分利用各环节的特征，构建以农业为主导的"农业＋"模式（如"农业＋旅游""农业＋康养"等），促进农业与其他行业结合，形成更具综合性的产业链。横向延伸形成的新业态具有相对独立的发展能力，它们不仅依托于传统农业环节，还能够融合创新元素，形成更具竞争力和市场吸引力的产业。同时，这种横向延伸不仅拓展了产业链的厚度，还实现了农业产业的多功能性发展。

根据分工不同，农业产业链纵向延伸主要包括上游延伸、中游延伸和下游延伸，涵盖了整个农业产业链的不同环节。上游延伸主要是指农业种植方面扩展，包括种子、化肥、农药等农资的研发和生产，农业机械的研发、生产和运用，利用现代技术如物联网、大数据等，实现对农业生产过程的智能化管理（种植、灌溉、施肥等）。由于农业生产受到环境、气候变化等自然条件和供给弹性的限制，再加上随着市场的开放，农产品加工需求逐渐增加，上游农业组织需要制定策略和措施，确保能够获得稳定的农产品供给，以满足下游加工需求。因此，"上游稳"是保持整个农业产业链的稳定和发展的基础。中游延伸主要是指农产品生产加工业的拓展，包括提高农产品附加值的技术创新和升级，确保农产品在生产、储存、运输过程中的质量和新鲜度的物流冷链系统的应用。由于农产品加工行业布局较为分散，面临国际国内市场的激烈竞争，要想在这样的竞争环境中立于不败之地，需要具备灵活应变、快速反应和高效运作的能力。中游组织需要能够迅速调整采购、加工、运输和销售等环节，迅速研发新的农产品深加工技术，以适应市场的快速动态变化。因此，"中游快"是促进整个农业产业链协同发展的关键。下游延伸是指在销售环节进行拓展和深化，包括下游组织通过开发新的销售渠道（如零售店、超市、电商平台等）、优化供应链、物流体系、销售环节等，加快农产品的流通速度，降低市场风险，提高销售效率，提升整个农业产业链的价值。为满足多市场、多客户的多层次需求，下游组织者要提供多样化的、高质量的产品和全方位的服务（包括售前咨询、售中服务、售后支持等），以提高客户满意度和忠诚度，从而扩大市场占有率。农业产业链下游组织直接或间接与最终消费者接触，因此需要深入渗透到不同市场和消费群体中，深入了解市场，关注消费者反馈，及时调整策略以适应市场变化。因此，"下游渗透"是实现产品增值的最终环节，是扩大消费群体实现农业产业链可持续发展的核心策略（罗振豪，2023；郭静利，2010）。

3. 杜仲产业链的概念

杜仲产业链由于生产过程相对复杂以及多样化的用途使得其与其他农业产业链相比具有一定差异性，杜仲产业链具有覆盖面广，产业链条长，产业链不同环节的价值增值程度存在差异，产业链受市场影响大等特点，使其在产业链的长度、宽度、厚度等方面与其他农业产业链有所不同。杜仲产业链是一个涵盖了与杜仲产业相关的各个经济主体和不同的组织环节，通过密切的上下游关系形成的网络结构。杜仲产业链条是以市场为导向，贯穿了从最初产品研发到最终产品流入消费者手中的整个过程，具体包括杜仲种植户、中间商、生产企业、加工企业等利益主体以及杜仲育种、种植、流通、加工、消费等各个环节。

杜仲产业链从上游环节开始沿着链条纵向延伸。杜仲产业链上游环节包括杜仲良种培育和种植，以及与其相关联的化肥、农业机械等；杜仲产业链的中游环节包括将从杜仲皮、叶、花、籽、果实、根等提取的杜仲胶、绿原酸、黄酮、桃叶珊瑚苷、木脂素、多糖、亚麻酸油、杜仲雄花等提取物应用到橡胶、中药、保健品、食品、日化产品、功能饲料、木材等初加工到深加工产品拓展延伸；杜仲产业链下游包括森林旅游、杜仲林康养等行业以及在此过程中的产品销售、市场信息整合与分享、品牌建设等。整个产业链的纵向延伸拓展了其长度；杜仲良种的培育、基础配套设施的建设、交易信息平台、现代物流体系的建设、杜仲产业链的各个环节和节点等拓宽了杜仲产业链的宽度。杜仲相关产业的集聚效应，龙头企业的带动作用，整个产业的信息化水平以及产业融合情况等加深了杜仲产业链的厚度，有助于提高杜仲产业链的核心竞争力，推动整个产业的发展和升级。具体如图1-3所示。

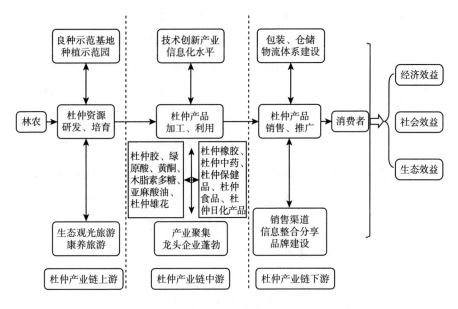

图1-3　杜仲产业链

杜仲产业链的形成过程也是价值增值的过程，通过杜仲生产、加工、销售、仓储、运输、销售等环节实现价值增值。总体分为三个环节：第一环节是杜仲的生产环节，主要是在技术提升及良种选育等生产过程中，加入新工艺和新工序，提高杜仲原料的产量和质量，实现产品的增值；第二环节为杜仲加工环节，是产业链中实现价值增值最关键的环节，在加工过程中将杜仲初级产品进一步开发成具备更高价值的最终产品，充分挖掘杜仲价值；第三环节为销售环节，依据市场上消费者对杜仲各类产品的需求变化进行生产和加工的调节，提高产品的市场份额和品牌价值，实现杜仲产品的优势向价值优势的转化。

4. 杜仲产业链的特点

由图1-3可以发现，杜仲产业链具有如下特点。

（1）知识密集型和劳动密集型。杜仲产业链涉及多个领域的知识和技能，需要专业人才参与，尤其是杜仲功能性高分子材料、杜仲生物医药与保健品的研究和开发需要大量的高科技人才的参与和攻关。同时杜仲的种植、采摘也需要大量的劳动力参与生产和运营。

（2）跨领域、跨行业、跨区域融合。杜仲产业链涉及的资源包括杜仲植物本身及其各种衍生品，这些资源在不同领域、行业和地区都有广泛的应用潜力，需要跨领域、跨行业的合作。杜仲从种植、采摘到加工、研发，再到产品制造和销售，涉及了价值链的各个环节。不同领域、行业的企业通过在杜仲产业链中的参与，能够实现价值链的延伸和价值的共享。从技术和知识的交叉来看，杜仲产业链涉及的技术和知识涵盖了植物学、生物医药、化学工程、食品科学等多个领域，不同领域的技术和知识可以相互交叉，促进产业链的创新和发展。同时政府也会制定相关政策支持杜仲产业链的发展，促进各地资源的合理利用和产业的协同发展。不同地区可能拥有不同的资源优势，通过跨区域合作可以实现资源的优势互补。

（3）多元化发展方向。杜仲涉及的产品种类非常丰富，包括但不限于杜仲橡胶、杜仲药材、杜仲保健品、杜仲食品、杜仲饲料、杜仲生物质建材等，因此有助于将杜仲产业链延伸至相关领域，形成产业链的纵向延伸。在杜仲产业链中，可以建立各具特色的产业集群，集中优势资源和企业，形成完整的产业链条，提升整体产业竞争力。同时不同的产业集群可以在技术、市场、人才等方面互相借鉴和合作，推动产业链的发展。

杜仲产业集群的建立，具有重要意义。第一，建立杜仲产业集群将吸引大量投资，促进产业链的发展，从而创造更多的就业机会，除了直接从事杜仲种植、加工和销售的岗位外，还会带动相关产业链上下游的就业需求，如物流、包装、市场推广等。第二，随着产业链的完善和扩大，将带动相关产业的发展，如物流、商贸、餐饮等，进而推动当地经济的增长。第三，随着人们对健康管理和康复需求的增加，杜仲的药用价值有利于促进康养服务业的发展，形成与杜仲相关的康养产业链条。第四，以杜仲种植基地、加工厂、展示中心等为依托，打造特色农业旅游景点，吸引更多游客前来参观、学习，推动当地旅游业的蓬勃发展。

5. 杜仲产业化经营的组织模式

产业化经营的组织模式是指在整个产业链上，各参与主体之间相互联系、协同合作，形成的一种一体化的组织系统（龚鹏，2005）。由于各地生产条件和经济发展水平的异质性决定了杜仲产业化组织模式具有多样性，主要有以下三种。

（1）龙头企业 + 基地 + 农户。

龙头企业是指在某个行业或领域中具有强大市场地位、资金技术实力和品牌影响力的领军企业。这些企业往往在产业链中处于上游或中游，起到引领、带动整个行业发展的作用。杜仲产业发展的龙头企业是产业化发展的关键。通过经济实力强、辐射带动能力大的杜仲公司、杜仲加工企业等各个龙头企业的引领，带动相关企业发展，提高整个产业链的效益，最终促进杜仲产业的发展。在此模式下，尤其要处理好企业与农户之间的利益分享，确保农户能够从产业链发展中获益，并且他们的利益不受损害。

江西省 YH 杜仲开发有限公司作为农业产业化经营省级龙头企业，在杜仲资源的利用和产品的开发过程中，采取"公司＋基地＋农户"的模式，实行"五统一"的标准化管理方式：统一栏舍建设规划和设计、统一提供猪源、统一供应杜仲饲料、统一喂养和防疫、统一收购肥猪加工销售，实现从生产到销售的一体化掌控，控制了质量，降低了成本，提高了杜仲生产效益。除此之外，公司通过技术创新，开发出了用于饲养鸡、鸭的杜仲饲料以及保健产品（杜仲饮料、杜仲胶囊和杜仲叶枕等）。多元化的产品开发，拓展了公司产品线，降低了经营风险，提高了市场竞争力（孟志鸿，2008）。

河南省 QM 生态环境工程公司，在信阳市淮滨县邓湾乡小集村建立了千亩杜仲产业基地，种植杜仲种苗 20 万株，农户把土地流转给基地，有助于形成规模经营，提高土地利用效率，同时也确保了杜仲产业基地的一体化管理。农户平时负责基地的树苗管护工作，通过"村集体＋龙头企业＋基地＋农户"模式带动村集体、公司、农户三方受益。通过这种模式，村集体、公司、农户都能够在杜仲产业发展中受益，公司通过技术和市场支持获得了杜仲原料取得了收益，农户通过土地流转和参与生产增加了收入，村集体则促进了本地经济的发展。村集体、公司、农户三方都能够在产业链中发挥各自的优势，实现互利共赢（吴彦飞，2021）。

（2）龙头企业＋合作社＋农户。

这种模式由龙头企业负责整体规划、资金技术支持、市场开发等，合作社本着"资源共享、技术共享、成果共享、财富共享"的理念负责组织日常管理，农户提供土地、劳动力等资源，通过"土地流转＋务工"，增加农户收入来源，改善生活水平。在这种经营模式下，农户通过合作社与龙头企业形成联系，实现生产和销售的协同。需要注意协作关系的平衡、合作协议的明确、农产品质量的保障，以及农户权益的保护。

四川 JWB 杜仲产业发展有限公司作为四川省林草产业重点龙头企业，在四川省巴中市通江县 13 个乡镇、34 个村大力发展杜仲种植基地。采用"公司 + 基地 + 合作社 + 农户"的经营模式，通过订单农业降低市场风险，产业工人提高生产效率和科技含量，综合经营实现从种植、养殖到最终产品的全产业链掌控，提高杜仲生产效益，带动当地农民增收致富（罗旭，2020）。

山东省 BL 杜仲高效栽培与加工示范基地，采用"科技 + 公司 + 合作社 + 农户"的方式，实现产业链的协同发展，各参与方能够在产业链上各个环节形成合理的协作关系，提高整体竞争力。通过这种经营模式营建杜仲高效栽培示范园 3000 亩，建立了杜仲雄花茶、杜仲亚麻酸油等生产线，带动了附近地区发展杜仲 10000 余亩。同时农民合作社社员通过土地流转、基地务工增加了收入，提高了农户的积极性和参与度。在实施这一模式时需要关注科技的可持续创新，确保示范基地的持续有效运作，同时要平衡产业链上下游的利益，确保各方共赢（张喜斌，2017）。

（3）林场 + 基地（合作社）+ 农户。

这是一种涉及林业和农业的合作模式，通常用于森林资源的管理、木材生产以及与农业相关的产业开发。林场是专门从事森林资源管理和经营的机构，可能由政府、企事业单位或其他组织负责。林场负责森林资源的保护、合理利用和经济开发。合作社是农林业生产者的组织形式，可以由林农自愿组成。在这种合作模式下，合作社可能由农民和林业从业者共同拥有，通过集体经营的方式，实现资源共享、技术合作、市场开发等目的。农户是从事森林资源开发和管理的农民，他们可能是合作社的成员，也可能是从事个体经营的农业者。农户通过合作社与林场建立联系，参与森林资源的开发和经济活动。这种模式的优势是林场通过专业的管理和技术支持，有助于保护森林资源，预防森林火灾，防治病虫害等问题。合作社和林农可以通过合作，开发可持续的森林经济，包括木材生产、野生植物采集、生态旅游等。这种合作模式有助于促进农村经济的多元化,提高林农的收入水平,改善农村社会状况。通过合作模式,有望实现对森林资源的可持续开发,确保其长期的经济、社会和环境效益。在实施这种模式时,需要注意保护森林生态环境、制定科学合理的林业经济开发计划,同时要平衡林农的权益,确保合作关系和资源利用的公平和可持续性。

第二章

杜仲产业发展状况分析

一、世界杜仲产业发展状况分析

杜仲作为我国特有的珍贵树种，其健康价值不仅在国内得到了广泛认可，在国际上也得到了越来越多的关注和研究。俄罗斯学者萨列任斯卡（Salezhinskia）等在 1944～1951 年通过药理实验和临床试验，证明杜仲具有双向调节血压的功能（李耿等，2021）。这项研究揭示了杜仲在心血管健康方面的潜在益处，尤其是其能够调节血压的独特能力，使得杜仲成为治疗高血压和低血压的重要植物性药物，这一研究奠定了杜仲在国际药理学界的基础地位。1955 年，在圣彼得堡召开了第一次国际杜仲药理学研究学术讨论会，此次会议汇集了各国学者，共同探讨杜仲的药理作用和应用前景。这一会议标志着杜仲研究的国际化进程，使得更多国家和地区的学者关注和投入杜仲的研究，推动了杜仲在全球范围内的应用和推广。1976 年，美国学者查尔斯·约翰·西赫（Charles J Sih）等研究发现，杜仲中降低血压的有效成分是松脂醇二葡萄糖苷（李耿等，

2021），这一化合物通过多种途径发挥降血压作用，包括抑制血管紧张素转换酶（ACE）以及调节血管平滑肌细胞的功能。这一发现为杜仲的药用研究提供了重要的科学基础，并推动了其在降血压药物研发中的应用，开发出多种新药，并且杜仲提取物也被广泛应用于各种功能性食品和保健品中。西赫等（Sih et al, 1976）的研究成果明确了杜仲降压机制，显著推动了杜仲在国际药理学界的认可和应用，确立了其作为天然降血压剂的重要地位。这一发现不仅丰富了对杜仲药理作用的理解，也为相关产品的开发和推广提供了科学依据。日本学者米村隆史（Takashi Yonemura）在20世纪70年代进行了关于杜仲茶变异原性抑制作用的研究，他和他的团队通过一系列实验，发现杜仲茶中的某些成分具有抑制致突变物质（即变异原）诱导的基因突变的作用，他的研究揭示了杜仲茶在预防肿瘤方面的重要意义。这一发现为杜仲茶作为一种功能性饮料的健康价值提供了科学依据，并推动了杜仲茶在日本及国际市场的普及和应用。同时该项研究成果不仅加强了消费者对杜仲茶保健功能的认识，也促进了杜仲在医学和健康食品领域的进一步应用和发展，还进一步提升了杜仲在全球健康产业中的地位。日本引种杜仲树成功之后，开始在九州地区、四国地区以及本州部分地区种植，这些地区的气候条件较适宜杜仲的生长。尽管日本国土面积有限，但通过高效的种植管理和先进的农业技术，日本杜仲的种植规模逐步扩大。

进入20世纪80年代后一直到90年代，日本开始大量研究杜仲，越来越多的企业和相关大学、科研机构开始专注于杜仲的研究和开发，杜仲的药用价值和保健功能引起了广泛关注。由于我国将杜仲纳入二级保护植物名录，禁止杜仲药材出口，日本转而应用杜仲叶（李耿等，2021）。而任何一项产业的发展和技术的突破都离不开当地政府的大力支持，日本政府在政策方面大力支持杜仲产业的发展，通过立法和发布相关标准，促进杜仲产品的研发和市场推广，促进企业和科研机构对杜仲的研究和应用。2001年，日本厚生劳动省正式批准杜仲叶提取液为调节血压的特定保健品（李耿等，2021），这一政策不仅促进了杜仲产品的开发，还增强了消费者对杜仲产品的信心，为更多杜仲产品上市奠定了基础。2006 年，杜仲被收载入《日本药局方》，进一步规范了杜仲的使用和研究，这是对杜仲药用价值的权威肯定，为进一步研究和应用提供了法律和科学依据。同年，日本杜仲研究会成立，每年组织国内外专家学者召开年度会议，交流杜仲药用和保健方面的研究进展（李耿等，2021），促进学术和产业的互动与发展，推动杜仲研究和产品开发不断深入。在企业、研究机构和政府政策的推动下，经过多年的发展，日本杜仲产品种类非常丰富，包括茶、保健品、食品、畜牧饲料添加剂等。日本的杜仲产品市场非常活跃，杜仲茶和其他杜仲保健品覆盖全日本各商业网点，深受消费者欢迎。在原材料大部分依靠进口的情况下，21 世纪初日本杜仲产业规模就超过 442 亿日元，相当于乌龙茶年销售总额的 30%（李耿等，2021）。目前，杜仲茶和杜仲饮料在日本市场长期畅销，这也显示出了杜仲产品持续的市场需求。在政府政策、科研支持和市场需求的共同推动下，日本的杜仲产品种类丰富、市场活跃，杜仲茶和杜仲保健品在国内外均有广泛影响力。经过多年的发展，日本杜仲产业已经形成了较为完善的产业链，在当前大健康趋势下，未来日本杜仲产业将会获得更大发展。

杜仲在韩国的韩医药和相关产业中的应用发展也非常快速并且广泛。杜仲作为韩医药常见的药材，其应用历史悠久，多用于补肝肾、强筋骨、固经安胎等。杜仲在韩国被广泛应用于多种传统医学疗法，并且在现代医疗和保健领域中也得到了进一步的开发和应用。韩医药所使用的大多数药材都是从中国和东南亚等地进口，其中杜仲占有重要地位。2002 年，韩国取消了对杜仲、麦冬、白芷、赤芍、苍术、天麻等 8 种中药材的进口限制（李耿等，2021）。这一政策大大促进了包括杜仲在内的多种中药材的进口，为韩医药的多样化和现代化提供了更多可能。在韩国，杜仲被广泛开发成各类健康食品和补品。例如，杜仲茶、杜仲胶囊、杜仲调味粉等，主打降血压、增强免疫力等功效。杜仲提取物因其抗氧化和美容养颜的特性，被应用到护肤品、面膜、精华液等各类化妆品中，成为化妆品行业的新宠。韩国的大学和科研机构对杜仲的活性成分和药理作用不断进行深入研究，以推动杜仲产品的多元化与高端化发展。韩国、日本等国家常年从中国进口杜仲类原料，主要包括杜仲叶和提取物浸膏，这些原料被加工成各种杜仲产品，供应国内外市场。杜仲在韩国的应用发展迅速且广泛，这得益于政策支持、进口贸易的便利性及其在韩医药中的长期使用历史。杜仲的健康食品、化妆品等产品不仅丰富了市场选择，也为消费者提供了更多高品质的保健选择。

二、我国杜仲产业发展状况分析

（一）我国杜仲产业发展取得的成效

杜仲作为我国特有的重要战略资源树种，其产业在近年来取得了显著的发展和突破。

第一，在杜仲定向育种技术方面取得了重要突破，中国林业科学研究院在杜仲种质资源的保护和利用方面取得了重要进展，通过长期定向选育，培育出了30多个优良杜仲品种和无性系，其中包括适合生产杜仲果实的品种，适合采集雄花的品种，适合生产杜仲树皮的品种，适合采集杜仲叶的品种，用于提取活性成分或茶叶生产，适合园林绿化和观赏用途的品种。《全国杜仲产业发展规划（2016～2030年）》中统计显示，通过杜仲良种丰产园推广应用显示出显著效果，皮产量提高了 0.98～1.6 倍，果产量提高了 31～40 倍，叶产量提高了 1.4～2.8 倍，花产量提高了 15.6～19 倍，杜仲橡胶产量增加了 30～40 倍。并且中国林业科学研究院在 27 个省、自治区、直辖市的杜仲栽培区收集了 1300 多份杜仲种质资源，建立了世界上最大且唯一的杜仲基因库，占地面积达300余亩。已经完成了杜仲全基因组测序，挖掘出了与杜仲橡胶的主要活性成分相关的功能基因（全国杜仲产业发展规划，2017）。这些基因为解决杜仲资源利用过程中的关键技术问题提供了重要的科学依据和技术支持。通过选育优良品种，不仅提高了杜仲的产量和品质，还增强了杜仲产业的科技支撑能力。

第二，杜仲栽培模式及配套技术实现重大突破和创新。杜仲果园化栽培模式的推广和技术革新，使杜仲种植从传统的药用经营模式向果园化方向转变，果园化栽培模式提高了杜仲果实的产量，改变了过去以生产杜仲皮为主的局面。大幅度提高的果实产量也为杜仲胶的规模化生产提供了稳定的原料供应，降低了杜仲胶的生产成本，保障了生产的连续性和稳定性。果园化栽培模式下，果实、树皮、叶片和雄花都可以得到充分利用，大幅度提高了整体的经济效益（吴敏等，2014）。除此之外，专门用于采集杜仲雄花的雄花园栽培模式，在短周期内高效利用杜仲的叶片、树皮和木材的短周期叶皮材兼用林高效栽培模式，集中利用杜仲的木材和药用价值的材药兼用栽培模式，种养结合、林下经济立体经营模式都取得了成功，并被逐渐地推广和应用。与之相配套的杜仲嫁接繁育、剥皮再生、树体和土壤营养调控与病虫害防治等技术的研发和推广，大大缩短了投产周期，降低了劳动强度和作业危险，提高了杜仲产量和品质，提升了资源的产业化能力，推动了杜仲产业的现代化和高效发展。

第三，杜仲橡胶绿色提纯技术及其在高性能轮胎、军事国防等领域的应用研究取得重要突破（杨平，2021）。在我国，杜仲橡胶的提取工艺经历了从简陋到先进的不断改进和更新。早期的碱煮法不仅难以获得高品质的杜仲橡胶，而且橡胶的纯度和质量都比较低，尤其是产生大量废水和废渣，严重污染环境，污染治理成本高。之后，经过科研工作者们的不断改进，提出了溶剂法，利用有机溶剂（如石油醚和甲苯）提取杜仲橡胶，这种方法能够获得较高纯度和质量的杜仲橡胶，同时提高了提取效率。近年来，我国科研工作者继续研究杜仲橡胶提取工艺的改进和更新（方庆红，2020），取得了新的进展，研发出了超声波辅助技术，该技术利用超声波产生的空化效应和机械振动，促进溶剂对杜仲橡胶的渗透和扩散，从而提高提取效率。研发出了超临界二氧化碳萃取技术，该技术利用超临界状态的二氧化碳作为溶剂，在高压下溶解杜仲中的橡胶成分，然后通过减压分离橡胶。研发出了乙酸预处理技术，这种技术是在提取前用乙酸处理杜仲原料，破坏细胞壁结构，增加橡胶的释放率。研发出了逆流提取工艺，采用逆流方式进行提取，即溶剂和原料在反方向流动，增加接触面积和接触时间，从而提高提取效率。研发出了蒸汽爆破预处理技术，该技术利用高温高压蒸汽快速爆破杜仲原料，破坏细胞结构，释放橡胶成分，然后进行提取。这些先进技术的应用，解决了传统提取工艺中存在的烦琐、低效等问题，大幅提高了杜仲橡胶的提取效率，减少了提取时间，降低了制造成本。采用环保溶剂和高效回收系统，减少了废水和废气排放，减轻了对环境的污染（方庆红，2020）。这些绿色提纯技术的应用，显著提高了杜仲橡胶提取纯度，提升了杜仲橡胶产品质量。

近年来，全球面临石油资源逐步枯竭和环境保护的双重压力，生物材料的开发成为各国重点关注的领域。橡胶行业也积极响应这一趋势，全球领先的橡胶制造企业和轮胎制造商纷纷投入生物橡胶及生物基橡胶单体的开发（方庆红，2020）。开发低滚动阻力、高牵引性能和高耐磨性能兼备的高性能绿色轮胎，是目前国际上各大轮胎企业研究的重点方向。日本的普利司通、美国的固铂、意大利的倍耐力等轮胎企业与相关研究机构合作开发银菊胶资源，并进行应用研究。德国马牌轮胎公司与弗劳恩霍夫分子生物学和应用生态学研究所合作开发蒲公英作为轮胎橡胶原料的工业化项目，并取得了突破性进展。法国的米其林轮胎公司、美国的固特异轮胎橡胶公司和日本的 ZY 集团积极开发生物基合成橡胶单体，目的在于制造非化石原料轮胎（方庆红，2020），减少对石油资源的依赖，提高轮胎的环保性能。德国的朗盛公司与美国的杜邦公司开发出了生物异戊橡胶、生物乙丙橡胶等生物合成橡胶，朗盛公司成功开发出生物乙丙橡胶，并已实现工业化生产（方庆红，2020），这些成果的取得，进一步推动了生物合成橡胶的应用。全球各大轮胎制造商和橡胶企业在生物橡胶及生物基橡胶单体的开发上投入了大量资源和技术，通过与研究机构合作，他们在银菊胶、蒲公英橡胶和生物合成橡胶等方面取得了显著进展。这些努力不仅有助于减少对石油资源的依赖，还对环境保护和可持续发展作出了重要贡献。我国在这一领域的研究和开发也在不断推进，通过成立蒲公英橡胶产业技术创新战略联盟和杜仲资源高值化利用产业技术创新联盟等相关技术创新联盟（方庆红，2020），推动生物基橡胶的产业化应用不断拓展。

第四，杜仲资源得到全面开发。随着杜仲亚麻酸油的高效分离和综合利用等技术的突破，杜仲资源的应用得到了进一步的开发。α-亚麻酸对心血管健康、免疫调节、抗炎、抗氧化等方面具有显著的作用，适合作为预防和辅助治疗心血管疾病、中老年人保健和提高免疫力的产品，杜仲籽油中的α-亚麻酸含量在植物油中处于相对较高位置，超过了紫苏籽油和亚麻籽油中的α-亚麻酸含量，达到了50%以上（武毅楠等，2022）。而如何提高杜仲籽油的品质，采取什么样的提取工艺是非常关键的环节。科学家们经过不断钻研，在机械压榨法、溶剂浸出法等传统提取工艺的基础上，开发出了微波辅助提取法、超临界 CO_2 萃取法、水酶法等现代提取工艺，大大提高了杜仲籽油的品质和出油率。但目前每一种方法都存在其弊端，为了满足绿色提油技术的要求，需要推进复合工艺技术的发展，结合多种提取技术的优势，实现既能高效保持杜仲籽油中的营养成分和活性成分，又能减少环境污染和残留溶剂的安全风险，实现能源和资源的综合利用，降低生产成本，提高经济效益。杜仲籽油中丰富的不饱和脂肪酸（尤其是α-亚麻酸）具有结构不稳定的特点，在加工、存储过程中容易发生氧化、异构化和聚合（武毅楠等，2022），从而影响其营养特性和感官质量，进而可能导致健康问题。为了克服这些问题，目前有效的方法是采用微胶囊、纳米乳剂、脂质体等绿色包埋技术对杜仲籽油进行深加工，这些技术不仅能够保护油脂的营养成分，还能赋予其更多的功能性，使其在食品保健品中更加广泛应用，因此以 α - 亚麻酸软胶囊为代表的杜仲籽油产品得到了相应的开发。杜仲雄花粉也是一种宝贵的药食两用资源，科研人员研究发现，杜仲雄花中包括黄酮类、萜类、苯丙素类、矿物质和维生素等多种活性成分，进一步研究发现杜仲雄花生物活性作用主要包括抗氧化、抗炎、抑菌、镇静催眠、调节血压、调节血脂、调节血糖等（岳芽，2023）。这些成分和功能为其在食品和医药领域的应用提供了更多可能。以杜仲雄花为原料生产的杜仲雄花茶、杜仲雄花酒、杜仲雄花代餐粉、杜仲雄花破壁咀嚼片等系列产品得到了开发。随着中国林业科学研究院经济林研究所选育的雄花用杜仲良种"华仲 5 号"的推广，以及杜仲雄花活性成分的提取工艺的不断优化，杜仲雄花产品的种类和品质将得到进一步提升。畜牧业作为农业的重要组成部分，其快速发展直接带动了饲料产业的繁荣。绿色环保和可持续发展是畜牧业和饲料产业发展的未来方向，推广绿色饲料添加剂，减少抗生素使用，降低环境污染，实现生态平衡是未来发展的重点，而生物饲料就是饲料产业的转型方向，我国"十三五"规划明确提出大力推动生物饲料产业发展，其中中药功能生物饲料是开发的热点，中药功能生物饲料除了具备生物饲料的平衡肠道菌群、提高消化吸收、提高机体免疫等特性外，还具有改善动物肝脏、肾脏等主要脏器的功能，增强动物的非特异性免疫能力，调节动物的生殖和生长功能，促进胶原蛋白的合成，提高食物的品质，杜仲以其丰富的中药成分，为生产功能性饲料提供了可能，因此，以杜仲叶为原料生产的杜仲功能饲料及其畜禽健康产品得到了广泛的开发和应用（杜红岩和杜庆鑫，2020）。杜仲功能性生物饲料利用中药杜仲的独特药用价值及现代生物技术的优势，通过菌、酶、药、肽等多综合性效益显著提升了动物健康和养殖效益；杜仲叶作为一种重要的中药材，在中药提取和加工过程中会产生大量的杜仲叶渣，利用杜仲叶渣栽培食用菌，食用菌的蛋白质、脂肪以及相关微量元素含量都得到显著提升（张昌伟等，2014），这些研究结果为杜仲功能型食用菌等产品的研发与资源高效利用提供了理论支撑。

杜仲产业在中国取得了显著发展，杜仲已经由单一的药用产品扩展到包括杜仲橡胶、木本油料等在内的多个国家战略资源领域，不仅完善了杜仲产业链，还显著提升了杜仲的综合效益（杜红岩和杜庆鑫，2020）。通过先进的提取和加工技术，杜仲资源得到了最大限度的高值化利用，杜仲资源的利用率大大提高，支撑了整个产业的发展。这一全产业链的开发模式将有助于推动杜仲产业的可持续发展，并为绿色环保、健康产业的发展提供重要支持。

（二）我国杜仲产业发展政策分析

我国的杜仲产业在国家政策的强力支持下，得到了长足的发展。国务院及有关部门从政策层面给予了高度重视和大力支持（杜红岩和杜庆鑫，2020），使杜仲产业得以快速扩展和深化。政府通过设立专项资金，支持杜仲的基础研究、品种选育、提取技术开发。对从事杜仲种植和加工的企业在税收方面给予优惠，对于符合环保和绿色发展的杜仲加工企业提供额外的税收减免政策。鼓励科研机构和企业进行技术创新，通过重大项目立项，资助新技术和新产品的研发。在国务院及有关部门的指导下，中国林业科学研究院和中国社会科学院紧密合作，承担国情调研和杜仲重大项目，创建了自然科学、社会科学与企业紧密合作的产业创新发展模式（杜红岩和杜庆鑫，2020），打破学术和产业界的壁垒，实现科研成果的快速转化和产业化应用。

全国政协委员、中国社会科学院学部委员李景源对杜仲产业发展寄予了高度期待（杜红岩和杜庆鑫，2020）。自 2011～2017 年 7 年间，他连续向全国人民代表大会和中国人民政治协商会议提案，关注杜仲产业的挑战和机遇，提出了一系列实质性的建议和措施。李委员的提案在一定程度上推动了政府部门对杜仲产业的关注，也为杜仲产业的科研、生产、加工、销售等各个环节提供了新的思路和方向。为了了解我国杜仲产业的现状、问题及发展前景，提出针对性的政策建议，推动杜仲产业的持续健康发展，2013～2016年，原国家林业局专门组织了三次杜仲产业全国调研活动，在此基础上，2013年9月，我国首部以单个树种发布的产业报告《杜仲产业绿皮书：中国杜仲橡胶资源与产业发展报告（2013）》发布，2015年1月、2017年12月又两次发布《杜仲产业绿皮书》，三次发布的《杜仲产业绿皮书》不仅提升了杜仲产业的影响力，也得到了国家有关部门的高度重视（杜仲产业研究课题组，2022）。这些报告系统性地梳理了杜仲产业的发展现状与前景，为产业的发展提供了重要的指导和参考，也为政策的制定和实施提供了有力的支持。

由于饲料中抗生素滥用等问题引发广泛关注，寻找天然、安全的饲料添加剂成为动物养殖业的迫切需求，杜仲叶提取物因其高度的生物活性和环境友好特性，逐渐受到研究者和行业的关注。2013年杜仲叶提取物（绿原酸、杜仲黄酮、杜仲多糖）被正式列入我国饲料添加剂目录。这不仅代表了杜仲资源在现代农业中的创新应用，也促进了杜仲产业的发展。随着绿色农业和畜牧业的发展，杜仲叶提取物作为天然饲料添加剂的应用前景将更加广阔。通过推动技术进步和市场推广，杜仲产业将继续为绿色农业和可持续发展作出贡献。

卫生部2009年第12号公告批准杜仲籽油为新资源食品。这是国家批准的第一个以杜仲种仁为原料的食品原料（杜仲产业大事记，2019）。2014年4月，国家卫生计生委发布公告，批准杜仲雄花为新食品原料（2014年第6号），这是继"杜仲籽油"后，国家批准的第2个杜仲方面的新食品原料。批准杜仲籽油、杜仲雄花为新食品原料，标志着杜仲产品从药用领域向食品领域的扩展。这一举措不仅丰富了杜仲产品的种类，促进了杜仲产业的发展，增强了经济效益，而且符合现代人追求健康饮食的需求。通过技术创新和市场推广，杜仲雄花有望成为具有广泛市场前景的健康食品。

随着我国能源需求的不断增长和生态环境保护压力的增加，发展木本油料产业有助于缓解能源压力、改善生态环境。同时，发展木本油料产业符合农业供给侧结构性改革的方向，有助于农业现代化建设和农民增收。在此背景下，2014 年 12 月 26 日，国务院办公厅印发了《国务院关于加快木本油料产业发展的意见》，明确地将杜仲列为国家重点支持的木本油料树种（杜仲产业研究课题组，2022）。这也显示出国家对杜仲产业的高度重视，为杜仲产业的发展提供了政策支持。这一举措有利于促进杜仲产业的快速发展，提高杜仲产品的质量和附加值，增加经济效益，同时也有助于生态环境的保护和可持续发展。通过政策、资金、技术等多方面的支持，杜仲产业有望迎来新的发展机遇，成为我国木本油料产业的重要组成部分。

天然橡胶是重要的战略资源，被广泛用于轮胎、医疗用品、民用和工业橡胶制品等领域。随着中国经济的快速发展，对天然橡胶的需求量大幅增加，但国内生产能力远不能满足需求，大部分都需要进口。我国天然橡胶的高度对外依赖性，导致在国际市场波动和地缘政治风险面前，存在较大风险。2015 年 2 月 1 日，中央一号文件颁发，明确启动了天然橡胶生产能力的建设规划（杜仲产业研究课题组，2022）。这一规划的目的就在于提升国内天然橡胶生产能力，减少对国际市场的依赖，增强国家经济安全性。这一决策对中国天然橡胶产业的发展具有重要的战略意义。通过政策支持、科技创新、市场拓展等多方面的努力，天然橡胶产业有望实现更大的发展，进而为国家经济安全、农业现代化和生态保护作出积极贡献。

2016 年 12 月 20 日，国家林业局发布、由其授权中国林业产业联合会组织有关专家共同编制了《全国杜仲产业发展规划（2016～2030 年)》，这是"十二五"以来第一个以单个树种发布的产业发展规划（杜仲产业研究课题组，2022）。该规划明确了杜仲产业的发展方向和着力点，是我国杜仲产业发展的重要里程碑，通过实施该规划，杜仲产业将在种植规模、科技创新、产业链延伸和市场开发等方面取得显著进展，逐步成为我国绿色支柱产业。

2017 年，国家林业局将杜仲列为重要的国家储备林建设树种，国家林业局、国家开发银行和中国农业发展银行均对杜仲国家储备林基地建设给予了重点支持（杜仲产业大事记，2019）。国家林业局将杜仲列为重要的国家储备林建设树种，旨在通过大规模种植杜仲，打造资源储备和生态防护体系，保障杜仲资源的稳定供应，满足日益增长的市场需求，也有助于生态环境修复和可持续发展。国家开发银行和中国农业发展银行的资金支持，为杜仲产业提供了重要的金融保障，推动杜仲储备林基地建设的顺利进行。同时国家发展和改革委员会在 2011 年和 2019 年连续两次将"天然橡胶及杜仲种植生产"作为单独一条列入鼓励类产业目录中（杜红岩和杜庆鑫，2020）。政策引导和资金支持相结合，形成了强大的政策保障体系，为杜仲产业的发展提供了有力的支撑，同时也标志着杜仲产业在我国的发展进入了一个新的阶段。

中国正处于经济结构转型期，亟须发展更多的绿色产业和高附加值产业，生态文明建设被提上国家的重要议程，林业产业尤其是具有多重价值的林木产业受到重视，而杜仲具有药用、保健、工业原料等多重用途，开发杜仲产业有助于高效利用资源，实现经济和环境效益双赢。在此背景下，2017 年 5 月 22 日，国家发展和改革委员会、财政部、原国家林业局等 11 部委联合发布《林业产业发展"十三五"规划》，"杜仲产业发展工程"被列为"十三五"全国林业产业重点建设工程（杜红岩和杜庆鑫，2020）。这一举措进一步凸显了杜仲产业在国家战略中的重要地位，也为杜仲产业的发展提供了强有力的政策支持和保障。

2017 年 11 月 23 日，在中国林业产业联合会、中国林业科学院经济林研究所等单位的共同努力下，国家卫生计生委组织专家对申报的重点药食同源（食药物质）进行了评审，杜仲叶顺利通过专家评审，标志着杜仲叶从单一药用进入药用和食品领域全面应用的新时代，是杜仲叶综合利用的又一次突破（杜仲产业大事记，2019），有助于杜仲产业链的进一步延伸和完善，丰富了杜仲产品的种类和应用场景，对杜仲产业发展意义重大。

2019 年 11 月 5 日，国家卫生健康委和国家市场监管总局发布了《关于对党参等 9 种物质开展按照传统既是食品又是中药材的物质管理试点工作的通知》（何伯伟等，2021），杜仲叶被列入其中。该通知的发布，旨在规范和推动传统药食同源物质的科学管理和安全应用。将杜仲叶等 9 种物质纳入试点管理，意味着国家开始系统性地探索如何在法律和政策框架下促进这些物质在食品和中药材中的双重作用。

2023 年 11 月 9 日，国家卫生健康委、国家市场监管总局发出通告，党参、肉苁蓉、铁皮石斛、西洋参、黄芪、灵芝、天麻、山茱萸、杜仲叶等 9 种物质正式纳入按照传统既是食品又是中药材的物质目录（张聪，2024）。杜仲叶被正式纳入传统既是食品又是中药材的物质目录，确立了其在食品和药材中的合法地位，标志着杜仲叶在法律和政策层面获得了双重认可，这也是对其药食同源价值的进一步肯定。这一举措有利于推动杜仲产业的规范化、标准化和多元化的发展，提升杜仲叶的市场价值和国际竞争力，同时为消费者提供更多健康选择。

这一系列措施为杜仲产业的未来发展奠定了坚实的基础，在国家有关部门和地方政府大力支持下，杜仲种植栽培面积迅速扩大，科技创新能力不断增强，杜仲产业链不断完善，杜仲产品不断丰富，国际竞争力不断提升，随着国家政策的持续支持和科技的不断创新，杜仲产业有望在未来取得更大的成就，为国家生态建设和健康产业发展作出更大的贡献。

第三章

杜仲产业发展的 SWOT 分析

为了全面了解杜仲产业的当前发展状况和未来发展潜力，运用SWOT分析方法分析杜仲产业发展的当前状况，制定有效的发展战略，充分利用相应的优势和机会，克服劣势和威胁，实现杜仲产业长期发展目标。

一、杜仲产业发展的优势

优势（strength）这一概念在分析中国杜仲产业发展时，指的是推动该产业发展的内部正面因素。主要从区域与资源优势、循环经济优势、生态环境保护优势以及市场需求优势等方面体现（赵铁蕊，2015）。

（一）区域与资源优势

我国是世界杜仲资源的主要战略地，在各地广泛栽种，分布于陕西、甘肃、河南、湖北、四川、云南、贵州、湖南、安徽、陕西、江西、广西、浙江等地。张家界不仅以其壮观的自然风光闻名，而且是世界上最大的野生杜仲产地之一。在江苏国家级林业基地，人工培育的杜仲数量也非常庞大，这进一步证明了杜仲作为一种重要植物资源的潜力。此外，杜仲还被引种到欧美各地的植物园，有时候甚至被称为"中国橡胶树"，显示了其在国际上的知名度和应用前景。杜仲的环境适应能力极强，能在年平均气温 6.5℃~20℃ 的条件下生长，且可以承受极端气温低至 −30℃，其生长的 pH 值范围为 5.0~8.5，适应海拔高度可达 2500 米以下。此外，杜仲还具有耐寒、耐旱和耐贫瘠的特性，能够在高海拔和干旱地区生长。在中国，大部分地区的气候和地理条件都适合杜仲的栽培。尽管杜仲对土壤的选择性不强，但最理想的是土层深厚、疏松肥沃、湿润并且排水良好的壤土。这种广泛的适应性不仅使得杜仲在中国的各个角落都能被栽培，也使得它能够在全球范围内被引种和研究，从而推动了其产业的发展和利用。杜仲的高环境适应性使其能够容易引种至中国乃至全球各地，这不仅扩大了杜仲的种植区域和面积，还增强了各地人们对杜仲的了解和研究。随着更多地区开始种植和使用杜仲，对这一植物的兴趣和实际应用得到了显著提升，从而为杜仲产业的快速发展开辟了新的途径。这种广泛的适应性和扩散有助于提高全球对杜仲的认识，推动相关的科研、医疗和商业活动，为杜仲产业带来新的增长机会和市场潜力。

在中国杜仲产业资源丰富，其资源优势主要体现在林地资源优势和劳动力资源优势两个方面。在林地资源优势上，一方面，我国杜仲的种植面积广泛，占世界杜仲种植面积的 99% 以上，这离不开中国地大物博的自然地理环境优势，以及国家对杜仲产业的支持与重视；另一方面，根据第九次全国森林资源清查数据，全国国土森林面积为 22044.62×10^4 公顷，森林覆盖率为 22.96%，森林蓄积 175.60×10^8 立方米（李超等，2023）。与第八次全国森林资源清查数据比较，全国森林面积增加了 1275.89×10^4 公顷，增加了 6%；森林覆盖率增加了 1.33 个百分点；森林蓄积增加了 24.23×10^8 立方米，增加了 16%。杜仲树生长快，对环境条件要求低，适合生长的区域广，大规模发展杜仲种植，有利于森林城镇建设，有利于推动我国国土绿化进程，提高我国森林覆盖率（杜红岩和杜庆鑫，2020）。国家大力鼓励退耕还林，这为杜仲种植面积的扩大提供了支持，增加杜仲种植面积不仅能提高森林覆盖率，还能将杜仲各种价值发挥出来。另外，在劳动力资源优势上：一方面，科研团队持续增强，2007 年，中国社会科学院社会发展研究中心开始着手调研杜仲产业发展现状，2010 年 12 月中国社会科学学院国情调研重大项目立项，项目与中国林业科学研究院杜仲团队专家合作，由此形成推动杜仲产业发展的长效机制。其中，以杜红岩教授为主的研究团队已经为杜仲产业的发展作出巨大贡献，此外，各高校以及企业也有大量研究人员加入杜仲的研究当中，杜仲的研究者团队越来越强大，各研究者为杜仲产业持续发展保驾护航。另一方面，中国劳动力充足，中国是一个人多地少的发展中国家，中国农村农民收入低、劳动力流失等情况一直存在，自退耕还林政策实施后，中国农村人均耕地面积大幅减少，依靠小农经济已经不能满足人们的生活需求，因此越来越多的人选择外出务工，留在农村的多为老弱妇女、儿童，但他们依旧有劳动能力。大力发展杜仲产业，不仅能给留守老人、妇女提供就业机会，增加他们的收入来源，提高生活质量，还能实现国家对林地的生态保护、资源合理利用、产业发展支持等方面的期望。中国农村剩余劳动力为杜仲产业发展提供较多的劳动力资源。

（二）循环经济优势

循环经济是一种创新的经济模式，其核心在于资源的高效与循环利用。这种模式不仅有助于减少资源消耗和环境污染，还能够推动社会、经济和环境的协调可持续发展。杜仲作为一种多用途植物，其用途广泛，不仅限于传统的药用和健康产品，在环境管理和生态保护方面也同样显示出巨大的潜力。例如，杜仲树种可用于流域治理、水土保持以及荒山和通道的绿化，这些用途对于防止土壤侵蚀和改善水质都是至关重要的。此外，杜仲还可以在城乡街道、森林（包括湿地和园林）公园，以及道路和水渠旁种植，不仅可以提升城市和乡村的绿化美化水平，也可以增强环境的生态功能。杜仲在生态修复和环境保护方面具有显著的作用。由于其深根系特性，杜仲的根系发达，主根深达 1.35 米，侧根可以延伸到 9 米，这有助于防止水土流失。此外，杜仲萌芽能力强，固碳能力显著，相关数据显示，7 年生的万亩杜仲丰产林的碳净贮量达到 9281.85 吨，可吸收 34034 吨二氧化碳（褚福堂等，2019）。种植大量杜仲林能有效提高地区的碳吸收能力，这对于应对全球气候变化和促进"碳增汇"产业的发展具有重要意义。这些林木作为自然碳汇，帮助吸收大气中的二氧化碳，同时提供氧气，改善空气质量，有利于建立低碳环境。通过大规模种植杜仲林和建设杜仲基地，有利于盘活贫困地区的山地资源，巩固林业改革、退耕还林、封山育林和生态公益林的成果，这种做法不仅能够绿化荒山、保持水土，促进生态脆弱地区的植被恢复，还可以显著改善农村的生态和人居环境（褚福堂等，2019）。总之，杜仲在循环经济模式下展现了其多方面的价值，不仅有助于生态环境的恢复和保护，还为实现经济与环境可持续发展提供了实际支持。

（三）生态环境保护优势

杜仲的广泛种植不仅有助于土壤质量的显著提升和水土资源的保护，还对生态环境起到了显著的净化作用。此外，杜仲林的栽培还为保护生态环境和维护生物多样性发挥了重要的作用。

首先，在土壤保护和改良方面，杜仲树拥有强健而深远的根系，这使其成为防止土壤侵蚀和提升土壤结构的天然屏障。这种根系不仅锁固土壤，还增强了土地的水分保持能力，从而提升了土壤肥力和地表水的质量。杜仲树的落叶能够分解成有机质，增加土壤肥力，改善土壤的物理性质和水分保持能力，有助于土壤的肥沃化。其次，关于水源保护，杜仲树深根固土的特性使其在防洪和水土保持方面发挥着关键作用。杜仲生长速度较快，人工林每年可生长约 1 米，其叶片大而密集，且很少受到病虫害的侵扰。作为深根系植物，杜仲的根系庞大，侧根和须根发达，能够有效防止水土流失，这些树木通过减缓径流速度和增加地下水的补给，有效地减少了洪水的风险。在生态环境保护方面，作为一种多年生的木本植物，杜仲具有卓越的固碳能力，杜仲树通过光合作用，吸收大气中的二氧化碳并释放出清新的氧气，对改善空气质量和抵御全球气候变暖起着至关重要的作用。此外，杜仲树具有较强的吸附能力，能够吸收空气中的有害物质和颗粒物，降低空气污染程度，改善生态环境质量。在杜仲的加工过程中，其副产品和废弃物的再利用对环境的影响也非常重要，合理地加工处理这些材料可以使其转化为有机肥料或生物能源，减轻对环境的压力，同时也减少工业废物的排放。最后，杜仲林的存在有利于丰富生物多样性。杜仲树树冠茂密，提供了大量的栖息地和食物来源，吸引各类昆虫、鸟类和小型哺乳动物等众多生物在这里安家，这些生物的相互作用不仅增强了生态系统的稳定性，也促进了其健康发展。

杜仲产业在推动经济发展的同时，还极大地促进了生态环境的保护与改善，显示了其在生态保护方面的独特和多重优势。这种综合性的植物种植策略，成功构建起经济效益与环境保护相互促进、和谐共生的发展格局，实现了两者的协同共进。

（四）市场优势

杜仲是中国特有资源，发展杜仲产业有助于利用这一资源优势，拓展国内外市场，其核心意义在于培育战略资源。由于我国 80% 的天然橡胶依赖进口，发展杜仲橡胶对保障橡胶供应和国防安全至关重要。国家重视和各方支持是杜仲产业发展的有利条件，2014 年 12 月 26 日，国务院办公厅发布的《关于加快木本油料产业发展的意见》，将杜仲列为重点支持的木本油料树种；2015 年 2 月 1 日，中共中央、国务院发布的《关于加大改革创新力度加快农业现代化建设的若干意见》，强调要加快转变发展方式，启动天然橡胶生产能力建设规划（杜仲产业研究课题组，2022）。当然杜仲的市场优势不仅体现在国家对杜仲胶的重视，其相关的资源优势也在不断地被发掘，杜仲产业因其独特的市场优势在全球范围内获得了显著的发展动力，这些优势不仅包括其传统的医药价值，还涉及在多个行业中的广泛应用，以及政策和科技进步带来的支持和促进。

首先，杜仲具有卓越的医药和保健价值。杜仲树具有丰富的药用属性，如补肾强筋、降低血压、抗疲劳等，对其需求呈现刚性和多样性，尤其在高血压、亚健康和美容护肤等细分市场中具有强劲需求，使其成为全球健康市场中的宝贵资源。在全球健康意识不断提升以及人口老龄化的今天，杜仲的市场需求可能会持续增长，自然疗法和草本补品的需求也日益增加，使得杜仲的传统用途更加受到重视，这种趋势为杜仲产业带来了稳定的市场需求和经济回报。此外，杜仲的种植和提取工艺相对复杂，生产成本较高，但由于其高附加值产品（如高端保健品和化妆品）利润率较高，吸引了大量资本和技术投入。杜仲的生态效益和可持续发展特性使其在环保和农业中也具有潜在价值，有助于形成绿色经济效益。因此，杜仲的市场价值不仅体现在直接经济收益上，还在于其带来的广泛的社会和生态效益，推动产业链升级和经济结构优化。

其次，杜仲具有广阔的应用领域。杜仲的应用远超传统的医药领域，扩展到了食品、化妆品、农业等多个行业。例如，杜仲叶被加工为具有健康功效的茶饮料，以及杜仲酱油、杜仲面条、杜仲可乐等日常食品，从杜仲中提取的油因其抗氧化和抗炎特性被广泛用于化妆品行业。此外，杜仲的纤维可用于制造生物可降解的材料，为环保产业贡献力量。

再次，杜仲具有强大的出口潜力。中国作为世界上主要的杜仲生产国，不仅在国内市场占据重要位置，其杜仲产品在国际市场上也具有极高的知名度和需求，尤其是在亚洲邻国和西方国家中，随着中医药文化的传播，杜仲的出口潜力得到了显著提升。近年来，随着中医药行业的全球推广和国家对传统文化保护的重视，政府对中药材产业的支持愈发明显。资金支持、税收优惠、政策倾斜等措施为杜仲产业的发展提供了强大的推动力，也为从事杜仲生产和加工的企业创造了有利的经营环境。此外，虽然杜仲资源基本都分布在我国，但杜仲的国际认知度和认可度较高，日本等多个国家积极开展杜仲研究，在产业方面，日本、韩国等国家对杜仲相关产品的开发在某些领域走在了世界的前列，基于杜仲价值广泛的世界性认可，我国若致力于打造高品质、高价值的杜仲产品，其杜仲产业将会具备相对良好的国际化前景（李耿等，2021）。

最后，科技进步助力杜仲产业发展。经过中国林业科学院 30 多年的研究，以及专家和企业的努力，我国在杜仲产业方面取得了重要突破，获得了 20 多项发明专利，大幅提高了杜仲叶、花、果、皮的产量。现代科技尤其是现代生物技术和栽培技术的进步，极大地提高了杜仲的产量和质量，降低了生产成本。通过生物工程、基因编辑等技术，可以优化杜仲的药用成分含量，增强其适应性和产量，同时，加工技术的改进也使得杜仲产品的品质和安全性得到了保障，进一步扩展了其在全球市场中的应用范围。

杜仲产业不仅促进了经济的发展，还在全球健康和绿色生态领域中展示了其独特的价值和潜力，显示出其在全球市场中不断增长的影响力和重要性。

二、杜仲产业发展的劣势

劣势（weakness）是指中国杜仲产业面临的一些内部挑战，这些挑战可能阻碍其经济增长。具体来说，这些劣势包括：（1）杜仲种质资源的紧缺，这影响到种植的多样性和质量；（2）产业的低集约化程度，表明缺乏规模化生产能力；（3）生产及加工技术的局限，这限制了产品质量和创新；（4）产业链的不完善，影响了从原料供应到产品销售的整体效率；（5）市场开发的不足，导致杜仲产品在国内外市场的认知度和接受度不高。这五个方面的问题是杜仲产业需要优先解决的挑战，以实现其长远的发展目标。

（一）杜仲种质资源不足

传统上，我国杜仲资源及栽培模式以生产杜仲树皮为主，采用实生苗造林，培育高大乔木以获取优质树皮，这一模式已延续 2000 多年。目前，27 个省（区、市）杜仲资源保存面积 500 多万亩。过去，由于缺乏对高质量杜仲品种的系统培育和选择（杜仲产业研究课题组，2022），加上栽培技术和管理方法落后，许多杜仲林由过度老化的树木构成，这些林区大部分以生产树皮为主。同时，这些杜仲林并未实施有效的规范化管理，因此在生态保护和商业化应用方面的潜在价值并未得到充分利用，这限制了杜仲产业在生态和经济层面的更广泛影响。

现今，我国的杜仲种植大多仍然采用传统的药用栽培方式。这种方式存在一些局限，例如，果实产量通常较低，产品质量也较为不稳定，这些问题影响了高质量品种的广泛应用。此外，这种传统的栽培方法过分依赖本土特定品种，可能会限制种质资源的多样性。在全球环境变化和病虫害不断演变的背景下，缺乏多样性的种质资源可能更容易遭受生态威胁。同时，坚持传统的栽培方式也制约了新技术和方法的引入，这限制了杜仲产业在创新和技术进步方面的发展。要实现杜仲产业的现代化和可持续发展，迫切需要采纳现代农业技术，提高种植的产量和质量，并且增强种质资源的多样性，以增强植株对环境变化和病虫害的抵抗力。

因此，为了最大化传统杜仲栽培的积极影响同时减少潜在的负面影响，需要采取一些策略和措施。首先，融合传统与现代，结合传统知识和现代农业技术，发展更高效、更可持续的杜仲栽培方法。其次，促进多样性，鼓励保护和利用不同的杜仲品种，以增强种植系统的抗逆性和适应性。再次，持续教育，为农民提供关于可持续农业实践的培训和教育，帮助他们了解如何在保护生态的同时提高产量和质量。最后，政策支持，制定合理的政策和激励措施，支持可持续的杜仲栽培和种质资源保护。通过这些措施，可以在保护和传承传统栽培模式的优点的同时，引入新的思路和技术，促进杜仲产业的可持续发展。

（二）集约化经营程度低

杜仲在我国已有 2000 多年的医用历史。中国的第一部药学著作《神农本草经》中就有记载杜仲"主腰脊痛，补中益精气，坚筋骨，强志，除阴下痒湿，小便余沥"的功效，称赞杜仲"久服轻身不老"，现代医学证明杜仲可以活化动物体内的胶原蛋白，从而达到抗衰老的作用。李时珍的《本草纲目》中更是夸杜仲"昔有杜仲，服此得道，因此名之"。我国很早就发掘了杜仲的药用价值，然而杜仲的医疗保健品规模化依旧存在产品定位普遍缺乏前瞻性的问题。2002 年 2 月 28 日，原卫生部发布了《关于进一步规范保健食品原料管理的通知》，将杜仲和杜仲叶列为可用于保健食品的物品名单（赵铁蕊，2015）。中外科学家研究发现，杜仲含有 80 多种天然活性物质，有补肾壮阳、抗衰老、降血压、降血糖、降血脂、减肥美容等多种作用。但目前市场上的杜仲产品以杜仲茶为主，其他产品种类相对单一，而且其他产品大多数存在低水平重复的问题，缺乏具有高技术含量和高附加值的创新产品，限制了市场的发展空间。同时目前还没有在全国叫得响的龙头企业和知名品牌，品牌效应不足，因此缺乏品牌带动作用，市场影响力弱。产业结构分散、不合理，集约化经营程度低。

目前，全国杜仲医药保健品生产普遍存在分散经营，企业规模较小，加工滞后等问题，产业集约化程度低，未形成规模效应，难以降低成本和提升效率。龙头企业数量稀少，企业资金短缺，融资困难，限制了技术改造和设备升级的能力，加工技术和工艺相对落后，研发投入有限，新产品开发能力弱，缺乏技术创新和突破，导致产品技术含量低，市场竞争力不足，附加值不高，难以在市场上获得较高的利润。此外，产品种类重叠现象严重，不仅浪费资源，还容易引发恶性竞争，另外缺乏统一的行业规范和标准，市场秩序较为混乱。杜仲产品主要集中在杜仲茶、复方杜仲成药以及杜仲和杜仲叶入药方面，但高水平的新药较为稀缺。此外，企业的经营管理水平普遍偏低，缺乏现代管理理念和手段，仍然以粗放型增长方式为主，管理效率低，导致市场竞争力不强（赵铁蕊，2015），无法适应快速变化的市场环境。除此之外，在产业政策上缺乏足够的支持和引导，导致市场发展乏力。同时市场监管不力，存在不合规产品流入市场的问题，影响市场的健康发展。

此外，杜仲橡胶作为国家重要的战略性资源之一，其开发利用也不是特别理想。尽管我国自 20 世纪 50 年代起就开始关注杜仲胶的发展，但几十年来一直未能实现大规模产业化，除了杜仲资源综合利用体系尚未形成外，杜仲胶的应用研发缺失也是一个主要原因（赵铁蕊，2015）。杜仲胶是一种天然高分子物质，随着环保意识的不断增强，人们对于可持续材料替代品的需求也越来越大，而杜仲胶作为天然高分子材料，具有可供持续利用的优点，将是未来可持续发展的重要方向之一。随着杜仲橡胶应用开发的不断进展，不但在替代天然橡胶应用方面承担着重要角色，同时还将会在我国新兴产业的高端领域中发挥新兴材料的重要作用，但目前面临的突出问题是，近年来杜仲胶的应用研究除少数高校在进行外，国内没有专门的研究机构从事杜仲胶的应用开发，现有国内几家能够生产杜仲胶的企业由于资金匮乏，限制了研发和扩大生产的能力，产品应用研究跟不上导致轮胎等橡胶加工业对杜仲胶的开发和应用大多处于观望状态。2011 年，在中国橡胶工业协会倡导下，依托相关高校和研究机构成立了杜仲胶研究院，虽然开展了系列研究工作，但在研发资金和技术力量方面还需要国家的支持和帮助。环保、高效的杜仲胶提取工艺有待于进一步探索和在工业化装置中完善与发展，大规模杜仲胶应用示范装置的建设也希望获得政府的专项资金扶持，从而为我国杜仲胶规模化生产奠定良好基础（赵铁蕊，2015）。

（三）杜仲生产加工技术水平有局限性

科技支撑是杜仲产业发展的薄弱环节，主要体现在以下四点：首先，杜仲良种选育目标不明确，种质资源混杂，现有良种无法满足未来的需求（杜仲产业研究课题组，2022）。其次，亟须创新栽培模式与技术研发，结合生态农业理念，希望未来能够利用现代农业技术，如遥感、物联网等，实现杜仲栽培的精准管理，提高产量和品质，制定标准并组建高效栽培技术团队。此外，杜仲产品科技含量低，品种少，同质化现象严重。再次，杜仲橡胶的绿色提取和产品研发技术不成熟，精深加工不足，附加值低。科技成果转化率也较低，难以满足产业化发展和精准扶贫的需要。最后，杜仲产业升级的关键技术研究未能纳入重大科技项目（杜仲产业研究课题组，2022），科研投资力度与其国家战略地位不符，这些问题制约了杜仲产业的全面发展和提升。

在杜仲产业中，生产技术与加工水平的局限性具有多维度的影响，一方面，技术局限性意味着在杜仲的种植、管理和收获过程中存在着效率不高和资源利用不充分的问题。例如，缺乏先进的种植技术可能导致杜仲树的生长不均匀，影响产量和质量。同时，如果没有有效的病虫害管理策略，可能会导致大量作物损失。在加工层面，局限性导致了对杜仲原料的利用率不高，无法有效提取和保留杜仲中的有效成分，如杜仲胶。加工过程中的技术不足也可能导致产品在储存和运输过程中的稳定性问题，进一步影响产品的市场接受度和消费者信任。另一方面，由于加工技术的局限，杜仲产业难以开发出新的产品线和应用领域，限制了其市场扩张和创新能力。在全球市场竞争日益激烈的今天，这种局限性使得杜仲产业难以抓住新的市场机遇，满足消费者多元化和个性化的需求。最终，这些局限性不仅影响了杜仲产业的经济效益，还影响了其长期的可持续发展能力，在资源日益紧张、环境保护要求日益严格的背景下，提高生产和加工效率、降低资源和能源消耗、减少环境影响成为产业发展的重要方向。

因此，克服生产技术和加工水平的局限性，对于提升杜仲产业的竞争力、推动其健康可持续发展具有至关重要的作用。

（四）产业链不完善

近年来，杜仲产品种类不断增加，包括杜仲胶、杜仲籽油、杜仲茶、杜仲酒、杜仲功能饲料和杜仲化妆品等。杜仲的应用领域已经从单一的药用扩展到橡胶材料、食品、日化和饲料等多个方面。但整体来看，杜仲产业链还存在着一些问题，在原材料供应方面，由于杜仲种植分布不均，且栽培技术不够成熟，导致供应量不稳定，再加上小农经济模式较普遍，缺乏集中管理和规范化种植，影响了原材料的质量和产量。产量和品质无法保障，影响后续产业链的稳定性和产品的一致性。在加工环节方面，杜仲橡胶及其他杜仲产品的提取和加工工艺相对原始，技术水平不高，杜仲胶及其衍生产品的种类有限，科技含量低，缺乏创新，产品同质化严重。在市场流通环节，由于市场推广力度不足，杜仲产品的市场认知度和接受度较低，同时缺乏有效的品牌建设和市场营销策略，杜仲产品未能充分开拓市场。另外，多元化的销售网络还有待建立和完善。在研发创新环节，由于一些杜仲研发成果与市场需求脱节，科技成果转化率低，难以形成产业化。缺乏有效的科技成果转化平台，企业对新技术和新产品的吸收和应用不够积极。在制度保障环节，由于杜仲产业链各环节缺乏统一的技术标准和质量规范，导致产业链上的企业各自为政，同时缺少行业监督和管理机制，影响杜仲产品的质量控制和市场规范。

随着生物产业链条的进一步完善，杜仲的综合效益显著提升，杜仲生物产业未来将发展成为工农业复合型循环经济的特色产业，新兴产业的崛起使得创立产业联盟变得尤为重要，能够促进资源整合、技术共享和市场竞争力的提升。例如，已经运行多年的杜仲产业创新联盟集成了杜仲种植、提胶、应用以及大健康产业链，这个联盟的进一步完善和产业链平台的建立至关重要（范仁德，2015）。一方面，联盟通过标准化种植和先进提胶技术，提高了杜仲的产量和质量。另一方面，联盟促进了杜仲在医药、保健、化妆品等领域的广泛应用，提升了产品的附加值和市场竞争力。此外，通过建立完善的产业链平台，联盟能够更有效地整合资源、优化供应链管理、促进技术共享与创新，从而提升整体运营效率。最终，联盟在促进成员间的交流与合作、开拓新市场、提升产品知名度和品牌价值等方面发挥了更大作用，推动了杜仲产业的全面发展和可持续增长。

杜仲产业链结构主要有三种形式：第一种是由林农、中间商和厂商（企业）组成；第二种是"企业＋基地＋林农"模式；第三种是新型的"农村金融机构＋企业＋基地＋林农"的经济联合体。第一种形式的杜仲产业链由上游、中游和下游三个环节组成。上游是林农，负责杜仲的培育、种植、采摘和初级包装等环节；中游是中间商，作为连接林农和厂商的纽带，在杜仲交易环节中起着重要作用，中间商的数量直接影响交易成本和交易效率；下游是厂商（企业），负责杜仲的加工、包装和价值实现，并通过销售渠道将产品送达目标市场。林农、中间商和厂商之间相互依存。林农需要通过中间商和厂商来销售产品，而中间商和厂商依赖农户提供的资源或产品来获得经营利润，没有林农的供应，中间商和厂商无法开展业务，林农、中间商和厂商在产业链中各有独特的垄断地位，林农通过中间商和厂商实现价值最大化，而厂商依赖林农和中间商的产品来竞争市场（赵铁蕊，2015）。杜仲资源的独特性、资产专用性和市场体系构成了这种关系的基础。

第二种杜仲产业链主要采取"企业＋基地＋林农"经营形式，这是杜仲综合开发利用的一种现代经营模式。这个模式包含企业、林产品生产基地和林农家庭经营三个层次的经济联合体。以企业为龙头，利用其资金、技术、设备和人才等方面的优势，建立林业产品生产基地。基地由林农承包开发经营（赵铁蕊，2015），企业提供技术指导和市场支持，确保产品质量和销售渠道。企业、基地、林农三者的关系是以企业为龙头，基地为依托，林农为基础。通过这种模式，可以实现资源的优化配置，提高生产效率和经济效益，促进杜仲产业的可持续发展。

第三种杜仲产业链因林权制度改革而出现，是"农村金融机构＋企业＋基地＋林农"的经济联合体。在这种模式中，林业企业通过与林农合作造林，或林农以林入股的方式获得信用贷款，用于基地建设和扩大生产规模。在具体运作中，企业提供专家指导，林农自主经营，而企业则负责杜仲产品的收购，从而规避市场风险，并充分利用杜仲产品的空间性和产业特性（弥芸等，2017），这种模式不仅帮助林农获得资金支持，还促进了杜仲种植的规模化和专业化，相比其他产业链，杜仲产业链具有明显的区位特征，受地理位置和交通设施的限制较大（弥芸等，2017）。然而，这种模式通过整合金融资源、企业技术和林农劳动力，有效克服了这些限制，增强了杜仲产业的整体竞争力和可持续发展能力。

无论采取哪种经营方式，杜仲从采集者到消费者的转移过程中，采购、运输物流和包装贯穿于各个环节。在杜仲产业链中，杜仲资源首先从集体林地被采集，经过多次中间商的转手，最终到达消费者手中，在这个过程中，林农、中间商和厂商各自拥有独立的采购、运输和包装流程。政府和科研部门作为产业链中的关键指导和服务机构（赵铁蕊，

2015），负责监督管理和提供技术支持，确保整个产业链的高效运作，通过政府和科研机构的监管和支持，产业链中的各个环节能够协调运作，提高资源利用效率，保证产品质量，从而提升杜仲产业的整体效益。

杜仲产业链与其他产品产业链类似，具备产业特性、空间特性、静态特性以及运动和动力特性。与其他产业链相比，杜仲产业链的资源约束刚性和区域特性更加突出（赵铁蕊，2015），这使得其独具特色，资源约束刚性表现在杜仲资源的有限性和不可替代性，而区域特性则反映出杜仲种植和加工受地理位置和交通设施的限制显著，正是这些特点，使得杜仲产业链在发展过程中，必须更加注重资源的高效利用和区域协同发展，才能实现可持续增长和竞争力的提升。

杜仲资源约束刚性是一个显著特点。尽管目前我国杜仲产业市场供给大于需求，但随着未来杜仲橡胶需求的大量增加，杜仲资源供给将难以在短时间内满足需求，在未来的一定时期内，杜仲资源供给不足将成为杜仲产业链延伸和发展的瓶颈（赵铁蕊，2015）。这种资源约束刚性要求产业链在发展过程中，必须注重资源的高效利用和可持续管理，以应对潜在的供需失衡问题。一方面，由于杜仲人工栽植和良种繁育技术的不成熟，现有栽培状况难以满足持续大量供应的需求。杜仲的培育和加工技术作为产业链的重要环节，对下游发展起着关键作用，有限的供给量对整个产业链形成了较大的制约（赵铁蕊，2015），这种技术瓶颈不仅影响了杜仲资源的稳定供给，也限制了产品的多样化和质量提升。另一方面，杜仲资源存在明显的季节性，导致生产周期性波动，难以实现全年稳定供应，杜仲林产品还受到林龄的限制，不同生长期的杜仲产品质量和用途差异较大。此外，杜仲产品种类不丰富，附加值和技术含量较低，加工工艺和技术水平相对落后，管理较为粗放，这些因素共同限制了杜仲产业链的升级和整体效益的提升。

杜仲产业具有明显的区域性特征，主要体现在以下方面：杜仲的种植和培育多集中在偏远林区，这些地区通常生态环境良好，适宜于杜仲的生长，这些林区地广人稀，土地资源丰富，但地理条件相对闭塞，由于偏远地区技术和资源匮乏，往往依赖企业的技术指导和支持。杜仲的叶和果实采摘、环剥取皮等关键环节都需要在特定的时间和条件下进行，这通常需要林农有丰富的经验和适应当地的生产条件，这些关键生产环节集中在杜仲的主产区，以充分利用当地的自然条件和林农资源。由于地理位置和交通设施的限制，杜仲的初级加工往往集中在主产区附近。这不仅可以降低运输成本，还能保证产品的新鲜度。而这些主产区通常也设有相关的专业服务和管理机构，比如加工厂、技术指导站等，这些机构为本地的杜仲产业提供全方位的支持。尽管现代交通和通信技术的发展使得物流网络更加完善，但由于杜仲的地理分布特点，其包装和销售环节仍较大程度上依赖地理区位优势。主产区的企业不仅负责杜仲的加工和包装，还通过集聚效应形成了集约化管理和销售的模式，从而提高了整个产业链的效率。正是由于这些原因，杜仲产业形成了明显的地理区位特征。尽管现代通信、交通和运输发展迅速，杜仲产业链有一定的外延趋势（赵铁蕊，2015），但总体上仍受区域性影响。生产区域集中，消费区域不广泛，企业规模小且分散，难以形成产业聚群，导致产业效益有限。为打破这种区域性限制，需要加强基础设施建设、促进企业集群发展、拓展市场、推动技术创新和加强产业协同，以提升杜仲产业的整体效益和竞争力。

杜仲产业中，参与主体的竞争性与垄断性共存。产业链结构一般由供应商（农户和中间商）和厂商组成，各参与主体之间通过有形产品的纵向关联形成两种主要结构：一是上游竞争、下游垄断；二是上下游皆具竞争性。上游的林农和中间商数量庞大且分散，进出行业容易，单个农户或中间商对杜仲价格的影响力有限，因此表现出较强的竞争性。相比之下，下游的杜仲林产品企业数量较少且相对集中，许多厂商同时负责生产和销售，凭借掌握的技术、市场信息和销售渠道，拥有相对完备的产业链布局，对杜仲产品具有较强的垄断性。近年来，随着杜仲橡胶作为新型战略物资的重要性提升，市场需求扩大，市场需求的提升吸引了更多企业进入，使得下游厂商和经销商数量增加，杜仲产业逐渐呈现出上下游皆具竞争性的局面（赵铁蕊，2015）。杜仲产业链发展主要存在以下问题。

首先，杜仲产业面临管理粗放和产量低的问题。传统的"重栽植、轻管理"思想和落后的栽培模式导致杜仲林一旦建成后多处于自然生长状态，林分结构差，生产力低。杜仲林多栽植于山区，主要来自退耕还林项目，少量是林农自发栽植，基地规模化和标准化建设程度不高。受市场利益驱使，群众缺乏可持续经营意识，导致"整树薄皮"和"砍枝摘花"现象严重（弥芸等，2017），这种不合理的采集方式不仅对杜仲树造成了严重损伤，还极大地限制了杜仲资源的可持续利用，阻碍了产业的长期发展。此外，由于管理粗放、技术落后，杜仲林的生产力低下，难以满足市场日益增长的需求，生产效率的低下直接影响了杜仲产品的供应链，导致市场供不应求，限制了产业的扩展和经济效益的提升。

其次，行业标准缺乏。由于杜仲行业缺乏统一标准和完善的运作程序，导致产品质量参差不齐。我国高端保健品市场长期被国外产品占领，消费者对杜仲产品了解不足，加上价格较高，难以吸引大众消费者（弥芸等，2017），限制了购买欲望。这种情况不仅影响了杜仲产品的市场竞争力，也限制了产业的发展潜力。

再次，产业化程度低。尽管杜仲副产品的开发取得了一定成效，如杜仲叶、花、皮等相关产品种类繁多，但知名品牌稀少（弥芸等，2017），经济效益有限。资金短缺和政策支持不足使得杜仲产品的精深加工领域发展滞后。综合资源利用率低，市场竞争力不足，尚未形成完整的产业链（弥芸等，2017）。这些问题限制了杜仲产业的整体发展，需要通过增加资金投入、加强政策支持和推动技术创新，提升杜仲产品的附加值和市场竞争力，促进产业链的完整和完善。

最后，在上游环节，杜仲多种植于初级发展地区，规模小且分散，缺乏规模化、集约化的种植模式，导致生产效率低、成本控制难。种植者对市场需求和科学种植技术认知不足，导致生产与市场脱节，新品种和新技术的研究与推广投入不足，限制了产量和品质的提升。在中游环节，加工企业技术力量薄弱，缺乏高效、环保的加工技术，影响产品品质和成本效益，杜仲加工产业缺乏标准化和规模化生产，产品质量参差不齐，产业链中缺乏有效的技术创新体系，研发新产品和新工艺的动力和能力不足。在下游销售环节，市场认知度不足，消费者对杜仲及其产品的了解不深入，影响了购买决策，营销渠道单一，缺乏多元化的市场推广策略，限制了市场拓展，产品差异化和品牌化程度不高，难以形成强有力的市场竞争优势。

（五）市场开发不足

《全国杜仲产业发展规划（2016~2030 年)》中指出，杜仲相关企业间缺乏合作，科研成果转化率低，尚未形成杜仲资源综合利用和全面利用的市场机制。这不仅导致了科研成果的浪费，也阻碍了新产品的开发（赵博等，2023）。杜仲产业市场开发不足主要体现在消费者认知度低，产品创新和多样化不足，以及品牌建设薄弱等方面。这些问题导致杜仲产品的市场接受度和消费者基础未充分扩大，市场渗透率低，影响了整个产业的竞争力和可持续发展。

在消费者认知上，杜仲的健康益处和应用范围未被广泛知晓。需要通过教育性营销提高公众对杜仲的认识，例如通过健康讲座、合作医疗机构进行推广等。消费者对杜仲的误解或缺乏信任，可能因历史原因或信息不对称造成，需要通过透明化的信息共享和正面案例展示来纠正。

在产品多样性上，杜仲产品主要集中在传统领域，如药材使用，而缺少跨领域的产品创新，例如在食品、化妆品或健康补充品中的应用还不够广泛。作为一种新的食品原料，杜仲叶常被制作成杜仲茶、杜仲发酵醋、杜仲胶囊、杜仲饮品和杜仲饲料等，其中，杜仲茶是发展最早且产品最多的一种杜仲食品（周昀菲等，2024）。目前关于杜仲叶的研究主要集中在医药领域，在食品行业的发展起步较晚，已开发了杜仲酒、杜仲酱油、杜仲可乐、杜仲咖啡等系列产品，杜仲叶具有极高的医疗和保健价值，加强其活性成分研究有利于杜仲由单一药用价值向食品、保健品、化妆品等领域全面开发。然而，杜仲依然缺乏对新产品的开发，市场上缺乏符合现代消费趋势的杜仲新产品，如便携式健康食品或结合现代科技的杜仲应用产品。

在品牌建设上，杜仲产业的营销活动缺乏创意和影响力，没有有效利用数字营销、社交媒体等现代营销工具。品牌建设停留在初级阶段，缺乏明确的品牌定位和价值主张，未能在消费者心中建立强烈的品牌印象。充分发挥地理标志杜仲产品标识的优势，巩固杜仲药品已有品牌优势，培育杜仲饮片、杜仲健康产品等新兴品牌，构建名医、名药、名方、名企、名店为支撑的品牌体系，全面提升杜仲系列产品的总体形象（李耿等，2021）。

杜仲产品开发不足主要表现在消费者认知、产品创新与多样性、技术研发、品牌建设等方面。要解决这些问题，需要各方共同努力，加强技术创新，完善产业链，提升市场认知度，并争取更多的政策支持，推动杜仲产品的全面发展。

三、杜仲产业发展的机会

机会（opportunity）在中国杜仲产业发展中指的是那些能够促进其成长的外部条件。这包括四个关键因素：首先，杜仲产业的可持续发展趋势，这表明了产业的长期发展潜力；其次，政策支持与行业合作的加强，这为产业提供了稳定的发展环境和资源共享的机会；再次，市场潜力巨大，随着国内外对健康产品需求的增长，杜仲产品的市场前景广阔；最后，公众健康意识的提高，这促使更多消费者转向自然和传统的健康选择。这些因素共同为中国杜仲林产品的产业发展提供了强有力的支持和广阔的成长空间。

（一）杜仲可持续发展趋势

随着"可持续发展"理念的提出和环境问题的日益突出，森林资源利用逐渐从以木质资源为主转向非木质资源的综合利用。杜仲作为重要的非木质林产品，其产业发展在推动生态保护和可持续经营方面具有显著意义。积极发展杜仲非木质林产品产业，构建复合森林生态系统，通过杜仲与其他林木、草本植物的混合种植，增强森林生态系统的稳定性和抗逆性，杜仲林地为多种动植物提供了栖息地，保护林地生物多样性。实现资源综合利用，杜仲不仅是药用、食用和胶质资源的来源，还能通过综合利用提升林地的经济效益，发展杜仲产业有助于实现生态林业的可持续经营目标，平衡生态保护与经济发展。随着全球对环境保护和自然资源可持续利用意识的提高，杜仲产业也逐渐向可持续发展的方向转变。在这一转变过程中，杜仲产业的每个环节都开始积极响应可持续发展的号召，从种植、加工到销售，每一步都在寻求环保和效率的平衡。

在种植环节，杜仲的可持续发展趋势表现为采用更多环保的农业实践，比如使用有机肥料替代化学肥料，实行生物多样性友好的种植模式，减少对土壤和水资源的破坏。种植者更加注重生态平衡，采取自然养护、病虫害生物防治等措施，以减少对环境的负面影响，这些实践不仅有助于保护生态环境，还能提升杜仲的品质，为产业链上游打下坚实的基础。

在产品研发上，杜仲产业的可持续发展体现在其对生态环境的关注、对资源的高效利用以及对社会责任的承担上，通过创新来推动产业的绿色转型。随着全球对可持续发展的重视，杜仲产业也在积极探索如何在产品研发上体现可持续性，确保在满足当前市场需求的同时，不牺牲未来资源和环境的可用性。杜仲产业通过研发新产品来响应市场对健康、自然产品的需求，同时也致力于开发更多功能性强、附加值高的杜仲产品，这不仅促进了产业的经济效益，也引导消费者向更可持续的消费方式转变。例如，通过生物技术提取杜仲中的有效成分，开发出新型的保健品、食品添加剂或药物，这些产品不仅符合可持续发展的原则，也满足了消费者对健康生活方式的追求。

在市场营销和销售环节，杜仲产业的可持续发展趋势体现在积极开发绿色健康的杜仲产品，以满足消费者对健康生活方式的追求。杜仲产业还承担社会责任，通过研发支持社区发展，例如与当地农户合作，推广可持续种植技术，提高他们的生产效率和经济收入，同时保护当地生态环境，通过这些措施，杜仲产业不仅促进了自身的可持续发展，也为社会和环境的可持续性作出了贡献。企业通过强调产品的环保属性和健康效益，吸引了越来越多注重可持续生活的消费者。此外，随着数字营销的兴起，杜仲企业也开始利用网络平台进行环保理念的传播和绿色产品的推广，扩大了可持续发展理念的社会影响力。

（二）政策支持与行业合作

《林业产业振兴规划（2010～2012年)》提出加大国家对林业产业振兴资金扶持力度，对林业龙头企业的种植业进行补息贷款，将育林基金征收标准由林木产品销售收入的20%降至10%；扩大林业信贷扶持政策；积极探索建立森林保险体系等举措，这些均为发展杜仲林产品产业提供了政策保障。2011年，国家发展改革委发布的《产业结构调整指导目录》首次将杜仲种植生产和新型天然橡胶的开发和应用列入鼓励类目录（赵铁蕊，2015）。2016年，国家林业局发布《全国杜仲产业发展规划（2016～2030年)》，明确了杜仲产业的发展方向，提出了规划期内的发展目标、重点任务和保障措施。这些政策不仅为杜仲产业发展注入了新动能，也为其规范化发展提供了新机遇。

杜仲作为一种具有多方面用途的植物，与多个行业有着紧密的合作关系，开拓了其应用范围并推动了相关行业的发展。杜仲产品涉及医药行业、保健品行业、食品行业、化妆品行业等，与各种研究机构以及加工企业都有相应的合作，企业在杜仲产业发展方面起着关键的作用，通过多种方式促进整个产业的成长和创新。

杜仲产业的发展可以通过多个方面的企业合作来实现。首先，通过建立产业集群，使相关企业在地理位置上聚集，形成互补优势，从而促进资源的有效配置和提高协同效率。政府应对杜仲产业进行详细规划，选择适宜的地理位置设立杜仲产业园区或产业集群，并提供基础设施建设和政策支持，如土地优惠和税收减免，吸引相关企业入驻，形成从种植、加工到销售的完整产业链。此外，通过定期举办产业联盟会议和活动，促进企业间的交流与合作，实现资源共享和优势互补，并与高校和科研机构合作，建立人才培训基地，为企业培养专业技术人才，提高产业整体素质。

其次，政府、企业和科研机构可以联合建立杜仲产业的公共研发平台，集中资金和技术力量进行前沿技术研究和应用开发。通过共享研发资源和技术成果，减少重复投资，提高创新效率，推动产业技术升级。具体包括成立杜仲研发中心，鼓励企业间合作开展关键技术攻关项目，共同申请科技项目资金，建立研发成果共享机制和专利池，并加强与国际杜仲研究机构的合作，进行技术引进和交流，吸收国际先进技术和经验。

在政策支持与金融合作方面，政府应出台专项扶持政策，如税收减免、财政补贴和贷款贴息等，降低企业成本，鼓励产业发展。金融机构则应开发针对杜仲产业的专项金融产品，如产业基金和科技贷款，为企业提供多元化的融资渠道。此外，应建立杜仲产业风险保障机制，通过政府和保险公司合作，提供农业保险和价格保险等保障，减少企业风险，并建立杜仲产业公共服务平台，提供政策咨询、金融服务和市场信息等一站式服务，提高企业运营效率。

此外，通过制定和推广杜仲产品的标准化体系，规范生产和加工流程，提高产品质量和一致性，推动行业健康发展。组织行业专家、企业代表和科研机构共同制定杜仲产品的种植、加工、检测等标准，通过培训和宣传推动标准的广泛应用，并建立标准实施的监督机制，确保标准的执行力。积极对标国际标准，参与国际标准化组织的活动，推动杜仲产品标准的国际化，提高产品在国际市场的认可度。

推动杜仲产业链上下游企业的深度合作，形成从种植、加工到销售的完整产业链，通过信息共享平台实现各环节的信息互通，提高协同效率。通过合作社和联合体等模式推动企业间的紧密合作，共享资源，分担风险，建立全程追溯系统，确保从种植到销售的每一个环节都可追溯，提高产品质量安全。优化供应链管理，降低库存和运输成本，提高供应链的灵活性和响应速度。

最后，倡导绿色发展理念，推动杜仲产业的生态环保建设。通过推广绿色种植技术和环保加工工艺，如有机种植和低能耗加工，减少环境污染，进行生态环境保护和修复，建立生态种植基地，维护生物多样性和生态平衡，推动循环经济发展，利用杜仲生产中的废弃物进行再利用和资源化，减少资源浪费，并推动杜仲产品的可持续认证，提升产品在国内外市场的认可度，推动绿色消费。

通过这些方面的企业合作和政策支持，可以构建一个健康、可持续、竞争力强的杜仲产业生态系统，实现产业的全面升级和长远发展。

（三）人们健康意识显著提升

随着全球健康意识的显著提升，人们越来越多地寻求自然和可持续的方式来改善和维护健康，这为杜仲产业带来了前所未有的发展机遇，使其在现代社会获得了新的生命力和市场潜力。这种趋势不仅体现在对传统和自然健康产品的需求上升，还体现在消费者行为、市场营销、产品创新以及跨行业合作等多个方面。

健康补充品的需求增加。随着对健康的重视，人们越来越倾向于寻找自然的方式来维护和提升健康。杜仲作为一种被认为具有多种健康益处的植物，其相关产品，如杜仲茶、杜仲保健品等，受到越来越多消费者的青睐。消费者对健康产品的认知越来越深入，不仅限于基本的功能性认识，更包括对产品来源、制造过程、可持续性等的全方位考量。杜仲作为一种历史悠久的传统药材，其天然和健康的形象正好符合这一消费趋势，吸引了更多寻求天然生活方式的消费者。正因为消费者对健康产品的需求不是单一形式，他们寻求多样化的选择以适应不同的生活方式和需求，杜仲产品寻求多样化，如将杜仲融入食品、饮料、保健品等，恰好满足了市场的这一需求。

在市场营销方面，企业利用现代营销工具和渠道，如社交媒体、健康博客、在线教育平台等，来传播杜仲的健康益处和使用方法，提高公众对杜仲的认知和接受度，通过与健康专家、营养师、意见领袖等合作，增强杜仲产品的信誉和吸引力。

在产品创新上，企业不再满足于传统的杜仲产品形式，而是开发出多种创新产品以满足不同消费者的需求。例如，结合现代人的生活习惯和健康需求，开发出便于携带和食用的杜仲健康饮品、便捷茶包、功能性零食等。此外，通过将杜仲与其他健康成分结合，开发出具有多重健康效益的复合产品，拓宽了杜仲产品的市场空间。

跨行业合作也是杜仲产业发展的一个重要机遇。杜仲企业可以与健康食品、药品、化妆品等其他行业的企业建立合作，共同开发新产品，利用各自的市场和技术优势，实现共赢。例如，与健康食品企业合作，开发结合杜仲和其他营养成分的功能性食品；或与化妆品企业合作，开发含杜仲提取物的天然护肤品。

总之，随着健康意识的提升和消费者需求的多样化，杜仲产业面临着广阔的发展前景。通过不断的市场研究、产品创新、智能营销和行业合作，杜仲产业可以实现持续增长，满足现代社会对健康自然产品的追求。

（四）市场潜力巨大

杜仲产业的发展潜力在多方面体现出巨大的市场机遇，主要得益于全球消费者对健康和自然产品需求的持续增长以及中医药在国际上获得的更广泛认可。在这一大背景下，杜仲作为一种传统药材，不仅在亚洲市场有着稳固的需求基础，也逐渐在西方市场获得关注。人们越来越倾向于选择天然的方法来维护健康，尤其是在面对现代医学治疗可能带来的副作用和依赖性时，更加偏好采用如杜仲这样的天然药材进行预防和调理。主要体现在健康产业、生物医药、生态农业、环保产业、国际市场拓展、文化推广与宣传以及政策支持与产业扶持等多个方面。

杜仲作为一种传统的中药材和保健食品，具有降压、抗炎、增强免疫力等多种保健功效，随着人们健康意识的提升，市场对天然保健品的需求不断增加。通过市场调研了解消费者需求趋势，开发多样化的杜仲产品如杜仲茶、杜仲酒和杜仲保健品等，并提高产品质量标准，可以满足不同消费者需求，提升市场竞争力。

杜仲中含有丰富的有效成分，如杜仲苷和杜仲胶，具有广泛的药理作用。通过加强与科研机构的合作，深入研究杜仲的药用价值和应用前景，推动杜仲在生物医药领域的应用，开发相关药品和保健品，丰富产品线并提高附加值。通过医药展会和学术研讨会等平台，宣传杜仲的药用价值和新产品，提升市场认知度和市场份额。

杜仲具有较强的生态适应性，适宜在多种气候条件下种植。通过推广有机种植和生态种植技术，扩大杜仲种植面积，形成规模化生产，降低生产成本，提高市场供应能力。同时，通过建立杜仲种植示范基地，树立品牌形象，提高杜仲产品的市场知名度和美誉度。杜仲胶是一种天然高分子材料，具有良好的弹性和耐磨性，可广泛应用于橡胶和塑料等环保材料领域。通过技术研发提高杜仲胶的提取效率和应用性能，发展杜仲胶的深加工产业，开发高附加值产品如环保轮胎和医疗器械等，提高杜仲产业的经济效益。

国际市场拓展也是重要的一环，通过国际市场调研了解全球对杜仲产品的需求情况，制定国际市场拓展计划。获得国际认证，提高杜仲产品在国际市场上的认可度和竞争力，参与国际标准制定，推动杜仲产品的标准化和国际化。加强与国际企业的合作，进行技术交流和市场合作，提升杜仲产品的国际市场占有率。杜仲作为传统中药材，具有深厚的文化底蕴，通过开展杜仲文化宣传活动如杜仲文化节和杜仲知识讲座等，提升公众对杜仲的认识和兴趣。利用电视、网络和社交媒体等多种渠道进行杜仲产品的宣传推广，提高品牌知名度。通过与学校和科研机构合作，开展杜仲知识的普及教育和专业培训，培养专业人才，推动杜仲产业的发展。

随着科学研究的深入，杜仲的健康效益得到了更多的证实，这进一步增强了消费者对杜仲产品的信心。企业抓住这一机遇，通过技术创新，将杜仲应用于各种产品之中，不仅限于传统的医药领域，还扩展到了食品、保健品甚至化妆品等多个领域，满足不同消费者的需求。此外，杜仲产业的发展还得到了政策的支持，许多国家政府为推动传统药材的现代化和国际化制定了一系列政策和措施，为杜仲产业的研发、生产和出口提供了便利条件。国际市场对杜仲产品的需求增长，为杜仲产业的出口提供了更广阔的空间，企业间的合作也是推动杜仲产业发展的重要因素。通过跨行业合作，杜仲的应用领域被不断拓展，新产品不断涌现，加上有效的市场营销策略，杜仲产品能够更好地满足市场的多元化需求，提升消费者体验。

总而言之，杜仲产业正处于一个发展的黄金时期，通过不断的技术创新和市场开发，结合有效的政策支持和产业合作，杜仲产业有望在全球范围内实现更广泛的应用和更深入的市场渗透，实现可持续发展。

四、杜仲产业发展的威胁

威胁（threats）是指在中国杜仲产业发展中，那些可能妨碍其成长的外部因素。这些不利因素主要包括：（1）科技支持不足，主要体现在种植、加工和产品开发方面可能缺乏创新和效率提升的机会；（2）法律法规体系的不完善，这可能导致产业发展缺乏必要的规范和保护；（3）标准体系的缺失，影响产品质量的统一和国内外市场的信任度；（4）物流成本较高，这增加了产品的市场成本，影响竞争力。这些威胁如果不加以解决，可能会限制杜仲林产品产业的发展和盈利能力。

（一）法律法规体系的缺失

一个健全的法律法规体系对于任何产业的健康发展都至关重要，它为产业的运营提供了必要的框架和指导。对于杜仲产业而言，法律法规体系的缺失或不完善可能会在以下五个方面带来威胁：第一，质量控制难以保证。缺乏详细的法规标准可能导致杜仲产品质量参差不齐，消费者难以区分产品的优劣，长期而言可能损害整个行业的信誉。第二，市场准入和监管问题。在缺乏明确法规的情况下，杜仲产品的市场准入可能变得混乱无序，难以有效监管市场，导致不合规产品泛滥，影响消费者权益。第三，产权保护不足。如果知识产权法律保护不充分，可能会抑制企业进行研发投资，因为他们可能担心无法获得其创新成果的充分经济回报。第四，国际贸易壁垒。国际市场对法规有严格要求，法律法规体系的缺失可能成为杜仲产品进入国际市场的障碍，限制产业的出口潜力。第五，环境和社会责任风险。在缺乏相应环保和社会责任法规的情况下，不可持续的种植和加工方式可能导致环境破坏和社会责任问题，影响产业的长期可持续发展。

为了应对这些威胁，杜仲产业需要倡导建立和完善相关法律法规体系，包括质量标准、市场准入规则、知识产权保护、环境保护以及社会责任等方面的规定。通过建立健全的法律法规体系，可以为杜仲产业的健康发展提供有力的支撑和保障。

（二）标准体系的缺失

杜仲产业的发展如果缺乏一个统一和明确的标准体系，确实会面临多方面的威胁。标准体系在确保产品质量、促进市场公平竞争、增强消费者信心等方面发挥着关键作用。标准体系缺失对杜仲产业可能造成的威胁有：第一，质量难以保证。没有统一的质量标准，生产者可能按照各自的标准生产杜仲产品，这可能导致产品质量参差不齐，消费者难以判断产品的优劣。长此以往，可能损害整个行业的信誉，影响消费者对杜仲产品的信任度。第二，会造成不公平竞争。缺乏统一的标准可能导致市场竞争环境混乱，无法确保公平竞争，一些生产商可能通过降低产品质量来减少成本，获得不正当的市场竞争优势，从而挤压那些坚持生产高质量产品的企业。第三，形成出口障碍。在国际贸易中，杜仲产品如果没有符合国际认可的标准，可能会面临出口障碍，不同国家和地区对进口产品有不同的标准要求，缺乏通行的标准体系，会使杜仲产品难以进入国际市场。第四，造成消费者选择困难。在缺乏标准体系的情况下，消费者无法准确判断产品的质量和安全性，购买决策将变得更加困难，这种不确定性可能导致消费者对整个杜仲产业的信心下降。第五，导致创新和投资受限。标准体系的缺失也可能抑制企业的创新动力和投资意愿。企业在不确定的标准环境中可能会犹豫是否要投入资源进行产品开发和技术创新，这对整个产业的长期发展不利。

因此，建立和完善杜仲产业的标准体系对于促进产业的健康发展、保护消费者利益、提升国际竞争力具有重要意义。这需要行业协会、政府部门、科研机构和企业的共同努力，通过科学研究制定合理的标准，并推动行业内广泛采纳和执行。

（三）物流成本较高

杜仲产业的发展确实面临着物流成本高的威胁，物流成本的高涨对杜仲产业的影响是多方面的，它不仅直接影响产品的成本和价格，还可能影响产品的市场竞争力、利润空间以及整个产业的可持续发展。

首先，杜仲作为一种传统药材，其种植和收获往往依赖特定的地理和气候条件，这就意味着原材料可能需要从分布相对集中的种植区运输到加工厂，进而分销到全国乃至全球各地。这一过程涉及的运输距离长、物流方式多样，尤其是对于保质期较短或需要特殊储运条件的杜仲产品而言，物流成本会更加显著。

其次，物流效率低下也是导致成本增加的一个重要因素。包括仓储、运输、装卸、管理等环节的效率不高，可能会导致整个物流过程的时间延长和成本上升。此外，缺乏专业的物流服务提供商、物流信息化水平不高等也是导致杜仲产业物流成本高的原因之一。

再次，政策和法规的不完善也可能增加物流成本。例如，跨地区运输时可能面临不同地区的政策限制、税收差异等问题，增加了物流的复杂性和成本。国际贸易中的关税、进出口手续等也是影响物流成本的重要因素。

物流成本的增加最终会转嫁到产品价格上，影响杜仲产品的市场竞争力，特别是在国际市场上，高物流成本可能会削弱杜仲产品与其他国家产品的价格竞争力。此外，物流成本的增加也会压缩企业的利润空间，影响企业的经营状况和投资意愿，从而对整个杜仲产业的发展构成威胁。

为了应对物流成本高的威胁，杜仲产业可以考虑采取一些措施，如优化物流网络设计、提升物流效率、采用信息化管理手段提高物流管理水平、开展物流外包等。同时，行业内外部的协同合作，包括与物流企业的合作、政府支持政策的争取等，也对降低物流成本、推动杜仲产业发展具有重要意义。

（四）科技支撑不足

近年来，杜仲产业的科技支撑能力取得了显著进展，为我国杜仲产业的健康发展奠定了坚实基础。以依托中国林业科学研究院经济林研究所成立的国家林业和草原局杜仲工程技术研究中心为核心，相关高校、科研机构和企业共同参与，形成了全国杜仲科技创新团队。企业作为科技创新的重要力量，其专利和知识产权授权数量显著增加，增强了我国杜仲产业的科技支撑能力。然而，尽管有进步，但我国杜仲产业的整体科技支撑能力仍显不足，全面系统地研究杜仲的机构数量有限，研究力量参差不齐。

杜仲产业发展存在科技支撑不足的威胁体现在多个方面。首先，科技支撑不足限制了杜仲产业的生产效率和产品质量的提升。在种植环节，如果缺乏先进的农业技术，如精准农业工具、病虫害预防和控制技术，以及种植管理技术，杜仲的产量和品质可能无法得到保证，进而影响整个产业链的效率和盈利能力。在加工环节，科技支撑不足可能导致杜仲的有效成分提取率低，加工过程中的资源浪费多，产品的附加值提升有限。这不仅影响企业的经济效益，也限制了杜仲产品在市场上的竞争力。

此外，科技创新是推动产业升级和可持续发展的关键动力。缺乏新产品开发和新应用探索的科技支撑，会使杜仲产业难以适应市场需求的变化和多样化，影响产业的长期发展前景。在市场竞争日益激烈的今天，科技支撑不足还可能导致杜仲产业在国际市场上的竞争力下降。其他国家和地区的相关产业可能通过科技创新实现了产业升级，如果杜仲产业不能跟上这一趋势，可能会逐渐失去在全球市场上的地位。

随着杜仲育种、培育和分离提取等技术的不断成熟，杜仲相关产品种类增加，产品附加值显著提升。中国林业科学研究院的杜红岩、赵戈和中国科学院的卢绪奎提出杜仲的三级开发模式：一级开发利用杜仲叶、树皮和果皮提取药用成分用于生产药品和功能性食品；二级开发对提取后的叶（果）渣进行杜仲胶生产；三级开发将利用后的废渣用于改良土壤和生产杜仲胶渣复合板等（龙海飞等，2015），实现资源的高效循环利用，推动了杜仲产业的可持续发展。

这种多层次的开发模式还为杜仲产业带来了显著的经济效益和社会效益。通过各级开发环节的紧密衔接和资源的充分利用，杜仲产业链得以延伸，生产成本降低，产品市场竞争力增强。同时，这种模式也促进了相关技术的创新和应用，为杜仲产业提供了强有力的技术支撑。进一步的推广和应用，有望推动杜仲产业在更大范围内实现高效、绿色和可持续的发展，为我国的生态建设和经济发展作出更大的贡献。

因此，增强科技支撑对于杜仲产业的发展至关重要。这需要政府、研究机构和企业等多方面的共同努力，包括加大研发投入，促进科研成果转化，提升整个产业链的技术水平，以及鼓励创新和科技人才的培养等。通过这些措施，可以有效应对科技支撑不足带来的威胁，推动杜仲产业的可持续发展。

我国杜仲产业具有显著的区域与资源优势，适宜的自然条件为杜仲的生长提供了良好基础；循环经济优势，通过综合利用杜仲的不同部分，实现了资源的高效利用；同时，杜仲种植有助于生态环境保护，改善生态系统，具有明显的生态环境保护优势；在市场需求方面，随着人们健康意识的增强，杜仲相关产品的市场需求不断增长。然而，杜仲产业目前存在低集约化程度，种植和生产仍以分散小规模为主，缺乏规模效应；生产及加工技术相对落后，影响了产品质量和生产效率；产业链尚不完善，各环节缺乏有效的衔接与合作；市场开发力度不足，市场推广和品牌建设亟待加强；杜仲产业面临科技支持不足的问题，研发投入不够，创新能力有限；法律法规体系不完善，缺乏系统性的管理和规范，标准体系的缺失影响了产品的质量和市场竞争力；此外，物流成本较高，影响了产品的市场覆盖和推广。杜仲产业面临巨大的市场潜力，随着健康消费观念的普及，杜仲产品市场前景广阔。国家政策的引导和支持为杜仲产业的发展提供了有力保障，地方政府也积极配合推动杜仲产业的发展。可持续经营要求进一步强调了杜仲产业的生态和经济效益，增强了产业发展的动力，我国应充分利用当前的发展机遇，将杜仲产业作为重要的战略举措，通过加强科技创新、完善法律法规和标准体系、降低物流成本等措施，提升杜仲产业的整体竞争力，推动杜仲产业的健康和可持续发展。

五、杜仲产业发展战略

（一）优势—机会（SO）战略

1. 加大科研投入，提升技术水平

为促进我国杜仲产业的健康发展，首先需要加大科研投入，提高技术水平。由于长期资金和技术投入不足，与日本、韩国等杜仲产业发展较快的国家相比，我国在高附加值产品开发、产业链延伸和资源深度利

用方面较为落后。在国内，尽管杜仲在药用领域的技术已趋于成熟并达到一定的饱和状态，但新的技术突破变得越来越困难（龙海飞等，2015）。面对这一新形势，政府可增加对杜仲科研项目的资金支持力度，尤其要在杜仲新领域的技术开发方面加大投入，争取实现新的突破，设立专项科研基金，鼓励高校、科研院所和企业联合开展杜仲种植、加工、提取等关键技术的研发，通过增加研发资金支持，推动高附加值产品的开发，延伸产业链，促进资源的深度利用，从而提升我国杜仲产业的国际竞争力，实现产业的可持续发展。通过这些努力，可以突破当前技术瓶颈，开发高附加值产品，增强市场竞争力。此外，可以建立杜仲技术创新和成果转化平台，推动科技成果的市场化应用，确保新技术、新产品能够快速进入市场，从而提升杜仲产品的附加值和整体市场竞争力。

2. 加强品牌建设和市场推广

品牌建设和市场推广是提升杜仲产品市场竞争力的关键。通过品牌建设，提高杜仲产品的市场知名度和美誉度，可以增强消费者对产品的信任和购买欲望。利用电视、网络和社交媒体等多种渠道进行杜仲产品的宣传推广，提高品牌的知名度和市场竞争力。此外，还可以通过举办杜仲文化节、知识讲座等活动，提升公众对杜仲的认识和兴趣，增强品牌的文化内涵。

3. 加大政策支持

政府的政策支持与多渠道融资是杜仲产业发展的重要保障。政府可以通过出台一系列扶持政策，如税收优惠、财政补贴、贷款贴息等，降低企业成本，鼓励产业发展。此外，政府还应建立公共服务平台，提供政策咨询、信息服务、技术培训等，帮助企业解决发展中的困难和问题，提高产业整体水平。

（二）劣势—机会（WO）战略

1. 提升标准化水平

为了提高杜仲产品一致性和质量控制，增强市场认可度，需要制定并推广杜仲种植和加工的行业标准，同时需要开展培训项目，提高种植户和加工企业的技术水平和管理能力，提高杜仲产品的市场竞争力。

2. 拓展融资渠道

为缓解杜仲发展过程中的资金短缺问题，需要引入社会资本和金融机构的投资，金融机构应开发针对杜仲产业的专项金融产品，如产业基金、科技贷款等，为企业提供多元化的融资渠道，支持企业的技术研发和市场拓展。通过与龙头企业合作，建立杜仲产业基金，为中小种植户和加工企业提供融资支持。

（三）优势—威胁（ST）战略

1. 提高市场竞争力

充分发挥杜仲产品的独特优势，开发高附加值产品，增强市场竞争力。同时通过品牌建设和市场细分，形成差异化竞争策略，降低市场竞争带来的风险。同时，为了提升我国杜仲产业的国际竞争力，应设立杜仲专利国际战略基金，支持企业在国际市场上的专利布局和维权工作。一方面，国家有关部门应当加大对各企业、科研单位等研发人员的教育宣传，提高知识产权保护意识；另一方面，政府应制定出台有关杜仲的特定的专利法规、制度等，以利于杜仲专利申请、诉讼、维权等问题的解决（龙海飞等，2015）。通过对国际市场的专利分析和布局，帮助企业规避专利风险，增强国际竞争力。同时，应对日本、韩国等杜仲产业发达国家的专利技术进行深入分析，借鉴其先进经验和技术，并结合我国实际情况进行转化和升级，提升我国杜仲产业的技术水平。

2. 建立风险防控机制

为及时应对政策变化和市场波动，建立完善的风险防控体系，制定应急预案，应对自然灾害对种植和生产的影响，确保产业的稳定发展。通过技术创新、科学管理和多样化种植，提高杜仲产业的抗风险能力，降低自然灾害和市场波动带来的风险。

3. 加强国际合作

进一步拓展国际市场，与海外企业和机构建立合作关系，扩大杜仲产品的国际市场份额。加强国际合作，建立国际合作平台，开展多层次、多形式的技术交流与合作，吸收国际先进技术和经验，提升我国杜仲产业的国际竞争力。通过这些努力，可以全面提升杜仲产业的技术水平和创新能力，推动产业的健康可持续发展。

（四）劣势—威胁（WT）战略

1. 建立杜仲产业园区，形成产业集群

在杜仲主产区建立现代化的杜仲产业园区，通过政策优惠和基础设施支持，吸引有实力和技术的企业入驻，形成从种植、加工到销售的全产业链模式。产业园区的建设可以促进产业链上下游企业的协同发展，实现资源共享和优势互补，提高整体运营效率和市场竞争力。此外，园区内可以设立研发中心和孵化器，支持中小企业的创新发展，并通过定期举办产业交流活动，促进企业间的合作与信息交流，形成良性循环的产业生态。

2. 推广绿色种植和生态环保技术

推广有机种植和生态种植技术，是推动杜仲产业可持续发展的重要举措。通过应用绿色种植技术，可以提高杜仲的种植效益和环境效益，减少化学农药和化肥的使用，保护土壤和水源。同时，应加强生态环境保护，建立生态种植基地，维护生物多样性和生态平衡。绿色种植和生态环保技术的推广，不仅可以提升杜仲产品的绿色和环保形象，还能满足消费者对健康和环保产品的需求，增强市场竞争力。

3. 加强人才培养

人才是产业发展的核心驱动力，而企业和科研机构则是其中重要的推动力量。杜仲产业实现人才培养与技术创新的良性循环，能够为产业的可持续发展提供强大动力。因此，需要通过与高校和科研机构合作，开展杜仲专业技术人才的培养，提升产业整体素质。通过采取设立杜仲产业专项奖学金，定期举办杜仲专业技术培训班，利用互联网资源开设线上培训课程等方式，吸引和培养更多的杜仲专业人才，满足杜仲产业发展的需要。企业应充分利用高校和科研院所丰富的科研资源，以解决在杜仲领域遇到的技术挑战，从而降低研发成本、缩短研发周期。同时，科研院所也应积极寻求与企业的合作，这不仅可以获得资金支持，还有助于更精准地洞察市场需求，针对杜仲产业的不同领域开展有针对性的研究，实现资源共享和技术联合攻关。作为市场主体，企业承担着推动市场发展的重要责任，应不断提升自身的创新能力，全面增强在杜仲领域的核心竞争力（龙海飞等，2015）。

杜仲产业的发展得到了广泛支持，前景十分光明。在发展杜仲产业时，需要注意应根据地域特点进行种植，在最适合杜仲生长的地区形成规模化种植，突出区域特色；选择适合当地的杜仲品种，注重种植质量，确保高产高效；注重综合利用，确保近期收益，建立农户、地方和企业的利益共享机制，以促进产业发展；新兴产业在发展过程中会遇到许多困难，需要各方共同努力来克服；将杜仲产业与高新技术结合，重视产品研发和深加工，通过技术创新促进产业的可持续发展（刘国信，2017）。通过增强优势，克服劣势，抓住机会，应对威胁，全面提升我国杜仲产业的综合发展水平，增强国际竞争力，实现杜仲资源的高效开发和利用，推动杜仲产业的健康可持续发展。

第四章

杜仲产业市场运行分析

一、杜仲产品开发状况

（一）杜仲初级产品

1. 杜仲树皮

杜仲树皮作为名贵的药材，自东汉时期起就出现了其药用记录。其具有多种保健作用，杜仲树皮含有丰富的钙、锌、镁等微量元素以及多种维生素，有助于强健骨骼。杜仲树皮中含有丰富的杜仲素、橙皮苷等生物活性物质，有助于调节血压，调理肝肾功能。此外，杜仲树皮还可用于泡茶、泡酒和烹饪。杜仲树皮的采集通常有部分剥皮法和环剥法。一般需要种植 6 年以上，剥去树干离地 30 厘米以上外围 1/4 ~ 1/3 面积的树皮；或者在树干分支处环割一圈后再纵割至离地面 60 厘米处（程智等，2021），获取杜仲皮，这样有利于保护树木，这些直接采集的一般称为生品。根据新版《中国药典》的规定，将杜仲树皮炒至断丝，表面呈现焦黑色，可以增强其药用效果和保存性能，此为盐炙。除此之外，还可以通过清炒、酒炙等炮制方法进行加工。在杜仲叶林模式下，每亩产生干皮 300～500 千克。

2. 杜仲树叶

杜仲叶与杜仲皮具有相似的化学成分和药理作用，但在某些方面可能存在一些差异。杜仲叶中的绿原酸含量比杜仲皮高出 5 倍。此外，杜仲叶中还含有丰富的必需氨基酸，其含量在 13.98～74.6 毫克/克（臧友维，1990），婴儿生长发育所需的组氨酸也包含其中。除此之外，杜仲叶中的无机元素含量更高（张康健，1994）。杜仲树叶资源丰富，容易获取，其属于可再生资源，一般在树木将要进入休眠期的秋季采摘更佳，对树木的破坏性小（程智等，2021）。杜仲叶被广泛地应用在饮品、食品和保健品制造方面，日本市场对杜仲叶及其提取物的需求大，每年从中国进口 80% 左右的杜仲叶，用于杜仲茶、杜仲食品和保健品的开发加工。据报道，叶林和果林是目前杜仲种植中最具潜力的产业化综合利用模式。在叶林模式下，每年每亩杜仲林可生产干叶约 1500 千克（靳军，2023）。

3. 杜仲花

杜仲是雌雄异株，其中雄树的雄花是珍贵的药用资源。杜仲雄花花期持续 3～7 天，花粉产量较大，容易收集。据报道，中国每年可产出约 30 吨的杜仲雄花。杜仲雄花中含有丰富的营养成分，包括粗蛋白占 32.9%，氨基酸占 21.41%，其中 8 种必需氨基酸占总氨基酸含量的 40.4%。此外，杜仲雄花中还富含维生素 C，含量为 31.5 毫克/100 克，总黄酮含量达到 3.53%。这些营养成分使得杜仲雄花具有较高的营养价值和医疗保健作用（程智等，2021）。

4. 杜仲果实

杜仲果含有丰富的油分，其油含量通常在 25% ~ 30%。而且，杜仲果实中的油富含 α - 亚麻酸和维生素 E，其含量可高达 68%。α - 亚麻酸是一种重要的多不饱和脂肪酸，对人体健康非常有益（张永康，2015）。α - 亚麻酸在人体内可以转化成对心血管健康有益的长链不饱和脂肪酸，如 EPA 和 DHA。因此，可以通过压榨的方式提取杜仲油。

（二）杜仲初加工产品

1. 杜仲茶

杜仲茶是杜仲功能性食品中开发最早、种类最多的一种产品之一。在 20 世纪 80 年代就引起了日本的广泛关注。日本投入大量资源进行杜仲的研究和开发，并推出了以杜仲茶为主的产品，主打减肥功效或者搭配名贵中药制作复合茶饮（王亮亮，2020）。

目前市面上的杜仲茶产品主要有两种。一种是使用传统工艺，直接将杜仲绿叶制作成杜仲叶茶。这种产品具有独特的清香和良好的保健功效。由于杜仲本身的苦味，一些消费者很难接受，因此很多杜仲茶产品都是在茉莉花茶、乌龙茶等传统茶叶中加入 30% 左右杜仲辅料，这种结合传统茶叶与杜仲的方式使得茶饮不仅具有传统茶的口感和香气，还能充分享受到杜仲的健康益处，因此备受消费者认可。近年来，人们还尝试将杜仲与其他药材结合，如绞股蓝、霜桑叶等，开发出更多功能性茶饮，如降压降脂的防三高保健茶（程智等，2021）。杜仲茶的制作工艺较为简单，选择新鲜嫩绿的杜仲叶片作为原料，然后将采摘的杜仲叶片放置在通风的环境中自然萎凋，使叶片软化，对萎凋的杜仲叶片进行揉捻处理，以破坏细胞结构，促进叶汁流出，释放出茶叶的香气和味道，将揉捻后的杜仲叶片放置在适宜的环境条件下进行发酵，发酵过程中产生的化学反应会影响茶叶的味道和香气，经过发酵后的杜仲叶片需要进行烘干处理，以防止茶叶继续发酵，同时保持茶叶的色泽和香气。

另一种是用杜仲雄花制作成的杜仲雄花茶。由于杜仲雄花含有丰富的活性成分，同时具有多种保健功能，因此市场上也出现了杜仲雄花茶产品，新鲜的杜仲雄株花蕾经过微波杀青、90℃烘干后可得到杜仲雄花茶（黄丁容，2018）。目前市面上的杜仲雄花茶逐渐得到了消费者的认可和青睐。

1990～2002年，中国的杜仲茶产业起步并逐渐壮大，陕西省略阳县、贵州省遵义市、四川省、重庆市、湖北省襄阳市等地已经上市杜仲茶及饮料产品，并已经出口到国际市场。但在2002年，卫生部发布了《关于进一步规范保健食品原料管理的通知》（李耿等，2021），根据规定以杜仲叶、皮为原料的食品无法申请产品许可证，杜仲茶及相关产品被迫退出市场。但随着杜仲的药用和保健价值逐渐受到重视，杜仲产业在杜仲胶、现代中药和保健品等方面持续发展，同时随着科技进步和政策调整，杜仲茶产业迎来了新的发展机遇。2014年，国家卫生健康委发布第6号公告，"批准杜仲雄花等6种物质为新食品原料"，这一政策的出台，大力促进了杜仲雄花茶及相关产业的发展，大量相关生产企业出现在杜仲主产区。河南省以灵宝市TD科技有限公司、河南FJ农业发展有限公司、灵宝JD杜仲有限公司等为代表的杜仲雄花茶类、饮料类的生产企业大量涌现。除此之外，陕西汉中YY医药科技公司、湖南张家界LCY茶业公司、山东BL杜仲生物工程有限公司、四川JWB杜仲公司等杜仲雄花茶及相关企业快速发展，杜仲雄花茶产业在政策支持和市场需求的推动下，实现了快速发展。

自2002年以来杜仲叶茶政策限制的20多年后，2023年11月，国家卫生健康委、国家市场监管总局将杜仲叶正式纳入按照传统既是食品又是中药材的物质目录，此举为杜仲叶茶产业带来了新的发展契机，也为杜仲叶茶重新进入市场铺平了道路。在多家高校和科研机构的支持与配合下，杜仲叶茶产业进行了持续的科研投入和技术创新，开发出了产品种类更丰富，产品质量更高的以杜仲叶为原料的杜仲茶产品。目前，生产杜仲茶的企业大概有 200 多家，生产的杜仲茶有杜仲红茶、杜仲绿茶、杜仲黑茶、杜仲复方茶四大类，共 30～40 个品种，在消费者多样化的需求和科研创新的推动下，杜仲茶产品不仅限于传统的饮茶功能，还向更广泛的健康和保健领域拓展，产品功能化与差异化特征更加明显，如山东 BL 杜仲生物工程有限公司通过差异化产品开发和市场定位，成功推出了多款针对不同消费群体的杜仲茶及饮品，包括安神助眠的杜仲叶茶，护肝补肾的杜仲雄花茶，补元气的杜仲元气茶，润肠通便的杜仲清畅茶。浙江开化县 DK 茶业有限公司通过优质产品和严格的质量管理，其生产的绿茶已经获得欧洲及日本有机产品认证和美国 FDA 认证，成功打入欧洲、日本和美国等高端市场，得到了广泛的认可和好评。这不仅为企业带来了可观的经济效益，同时也提升了杜仲茶在国际市场的地位和影响力。这一成功案例表明，杜仲茶具有巨大的国际市场潜力，未来，随着持续的创新和品质提升，杜仲茶产业有望在国际市场上获得更大的发展空间和更高的认可度。

2. 杜仲粉

鉴于杜仲叶和杜仲树皮的功能作用，将其粉碎加工制成杜仲粉可以发挥更大的作用。杜仲粉可以分为两种，一种是杜仲精粉，一些企业以杜仲叶和皮为原料，通过自主创新技术提取杜仲精粉，100 千克杜仲干叶可以加工成 0.5 千克杜仲精粉，年产能够达到 4000 吨左右。作为天然保健品制剂，广泛用于医药、保健品及食品抗氧化剂等行业，同时也出口日本等国家。另一种是杜仲粗粉，利用提取杜仲精粉后剩下的残渣，粉碎加工成粉，主要用于饲料添加剂。研究表明，杜仲粉添加到鲤鱼、草鱼或鳝鱼饲料中，能促进鱼的生长发育，并改变其肉质（李海洁等，2021；

Yang H et al，2022；姚红梅等，2005）。杜仲粉添加到鸡饲料中，有利于促进雏鸡发育，提高鸡的免疫力，改善肉质（宋金秋等，2021；黄林等，2020）。杜仲粉添加到猪饲料中，能够提高猪的免疫力，改善猪肉品质（段明房等，2018；石海仁等，2018）。杜仲粉添加到羊饲料中，能够降低羊的血清及肝脏中丙二醛（MDA）含量，提高羊的日增重和宰前活重（杨改青等，2017）。杜仲粉添加到肉兔饲料中，能够提高肉兔的日采食量和日增重，提高兔的血清蛋白含量（李燕舞等，2019）。孔韬（2020）研究发现，将杜仲粉添加到奶牛饲料中，可以提高奶牛的生产性能、健康程度和乳品质，进而提高奶牛养殖的经济效益。贾立军等（2024）系统研究发现，通过给松辽黑猪喂养含有杜仲多糖的饲料，松辽黑猪血液中淋巴细胞计数和百分比、血清总蛋白和白蛋白浓度均有所增加，而尿素氮和甘油三酯浓度则下降。提高了白细胞和淋巴细胞计数、血清 IgA、IgE、IgG2a 和 IFN－γ 水平。另外，在饲粮中添加 2% 的杜仲，松辽黑猪的平均日增重、屠宰重量、瘦肉率和熟肉率均有所提升，而 pH24、饲料转化率、脂肪率、黄色度（b#）和离心脱水率则降低，肉质得到改善。该研究系统地探讨了杜仲多糖对猪只免疫功能和肉质的具体影响，并通过转录组学分析揭示了其作用机制，为提高猪肉品质和杜仲饲料添加剂的开发提供了科学依据。研究不仅加深了对杜仲多糖生物活性的理解，也为畜牧业提供了一种能够同时提升动物健康和产品品质的天然添加剂。这些发现有望在未来的畜牧业生产中得到广泛应用，推动行业向更加环保、高效的方向发展。用杜仲提取物作饲养牲畜、家禽、鱼类的饲料添加剂，替代抗生素，提升肉的品质已有广泛应用。我国杜仲综合利用技术国家地方联合工程实验室于 2008 年在湖南省洪江市推广杜仲养殖雪峰乌骨鸡；2016 年与湘西 LD 生物有限公司在湖南省吉首市勤丰村试养百头杜仲浦市黑猪；2023 年在湖南省吉首市泸溪县 XN 食品有限公司建立了千头杜仲铁骨猪基地，在湖南省吉首市永顺县万坪镇推广养殖了十万只杜仲土鸡，这些都取得了非常好的效果。

（三）杜仲深加工产品

1. 杜仲橡胶

中国作为世界上天然橡胶需求最大的国家之一，其中轮胎是消耗橡胶的第一大产品，轮胎工业每年需要大量进口天然橡胶，但由于国内天然橡胶种植地域的限制（主要在云南西双版纳、海南、广西、广东部分地区），导致产能有限，因此依赖进口超过80%。由于现有的三叶橡胶产能已经接近极限，中国亟须开发第二来源的天然橡胶资源。杜仲作为中国特有的天然橡胶资源备受关注，采用杜仲橡胶部分取代天然橡胶，对缓解天然橡胶严重依赖进口的被动局面意义重大。1952年，政府就开始在青岛橡胶二厂生产杜仲胶。杜仲具有广泛的适应性，分布于中国28个省（区、市）的亚热带到温带地区。其独特的"橡胶（塑料）二重性"为开发杜仲橡胶在热塑性材料、热弹性材料、橡胶型材料、高弹性材料及改性塑料等领域具有优良特性的产品提供了可能。杜仲胶具体可分为两种类型，即天然杜仲胶和合成杜仲胶。天然杜仲胶是以天然植物杜仲作为原材料制成的杜仲胶，也称为生物基杜仲胶。它具有绿色环保、无毒等优势，是杜仲胶的代表产品。合成杜仲胶是通过化学合成方法制备的杜仲胶，其原料可能包含合成的化学物质。合成杜仲胶与天然橡胶在性能上有所差异，在工业生产中可以更好地控制产品的性能和质量，具有特殊优势。杜仲胶是一种天然高分子材料，具有耐水、耐寒、耐酸碱等特性，而且无毒副作用和催化剂残留，可以应用于国防、军工、航空航天、高铁、汽车、通信、电力、医疗、建筑、运动竞技等领域。例如，杜仲胶制作的牙科填充或修复材料耐水、耐寒，深受欢迎；杜仲胶具有形状记忆功能，在形变后置于65℃温度场中能恢复原状（程智等，2021），在医疗器械领域应用前景广阔，杜仲胶制作的夹板或假肢套舒适安全，物美价廉，是非常优异的医疗材料（程智等，2021）。安康汉阴HY植物药业有限公司建成了全国第一条年产100吨的杜仲胶半连续化生产线，2012年获得全国第一个杜仲胶质量地方标准；2013年杜仲胶可塑性夹板获得陕西省食品药品监督管理局批准的一类医疗器械生产注册批文（王瑶，2014）。

杜仲胶与橡胶混合制作出的轮胎具有生热低、动态性能好、耐疲劳性能良好等优点。它们可以改善轮胎的耐磨性能、撕裂强度和抗湿滑性能，是发展高性能轮胎的理想材料之一。江苏通用科技股份有限公司开发出了真正意义的杜仲胶轮胎——千里马5X290杜仲胶轮胎，它的抗湿滑性能和噪声性能实现了双A级，显著提升了卡客车轮胎性能。山东青岛赛轮集团公司开展了杜仲胶矿山胎胎面、胎侧的应用试验和轮胎路试，结果表明，杜仲胶在提升轮胎性能和寿命方面优越性显著。除此之外还可以制造发动机垫片、刹车片、密封件、管道和阀门密封件等；杜仲胶具有优良成膜性的特点，可以用于制造航空航天器材；杜仲胶的高阻尼性特点有助于减少噪声和震动，提高舒适性，可以制作隔音设备和减震制品。据预测，到2025年，全球杜仲胶市场规模将达到100亿元人民币。

近年来，政府为推动天然杜仲胶产业的发展，出台了一系列鼓励政策，使得天然杜仲橡胶市场份额逐年提升，随着各类细分产品应用需求的增加，我国杜仲胶产业的发展趋势仍将保持良好态势，杜仲橡胶产量持续增长。一方面，随着杜仲经营模式的改变，由传统的乔木林经营模式转变为果园化经营模式，配合杜仲胶高产良种的种植，每公顷杜仲胶达到400～500千克（杜红岩，2010），由此可以提高杜仲胶的产量。另一方面，随着杜仲胶分离提取技术水平的不断提高，杜仲胶的生产成本逐步降低，也有利于提高杜仲胶的产量。

当前绿色环保和可持续发展日益成为全球关注焦点，这为杜仲橡胶产品提供了广阔的市场，前景非常好，随着对杜仲橡胶更多潜在应用的研究和开发，以及全球市场对高性能天然材料需求的增加，预计杜仲橡胶将在未来几年内实现显著的市场增长。为了充分发掘这一市场的潜力，需要企业、研究机构和政府之间的协同合作，共同推动产品开发、市场扩展和供应链优化。

在杜仲橡胶早期研究阶段，大部分突破性研究和专利申请发生在生物技术和材料科学发达的国家。如邓禄普橡胶有限公司于1889年在英国成立，在1984年，邓禄普的轮胎业务被日本住友橡胶工业株式会社收购，隶属于日本住友集团。该公司早期拥有多个将杜仲橡胶用于高尔夫球外层的制备的专利，该公司申请的杜仲橡胶专利总共有74个，是全世界申请杜仲橡胶专利最多的公司（廖扬，2023）。美国沃尼尔·朗伯公司在1981~1999年对口香糖和咀嚼剂中的杜仲橡胶胶基材料进行了大量的专利申请，共拥有50多个专利（廖扬，2023）。从2010年起，中国在杜仲橡胶研究领域的专利申请量开始迅猛增长。湖南省吉首大学依托武陵山区丰富的杜仲资源，展开了大量涉及杜仲橡胶分离提取、检测、化工应用、食品保健等方面的研究，拥有47个关于杜仲橡胶提出工艺及装置、改性杜仲橡胶材料、杜仲籽油粉末冲剂和杜仲茶醋复合功能性饮料制备方法等方面的专利（廖扬，2023）。河南HRY实业有限公司拥有杜仲橡胶制备、提出方法，杜仲饲料配置方法，杜仲叶粉饲料配置方法，杜仲茶制作方法等方面的专利45项（廖扬，2023）。除此之外，北京化工大学、沈阳化工大学、青岛科技大学、山东BL杜仲生物工程有限公司、YWY橡胶研究院有限公司、西北农林科技大学、中国科学院化学研究所、北京LD杜仲胶集成材料研究院有限公司等都拥有几十项关于杜仲胶方面的专利，国内关于杜仲橡胶的专利总共有254项（廖扬，2023）。杜仲胶的国外技术壁垒相对不高，这为国内企业和高校提供了宝贵的合作和发展机会。国内企业和高校可以在杜仲种植、杜仲胶提取、改性和应用等环节合力推进，结合国际先进技术和经验，建立完善的标准体系和质量控制体系，培养高素质人才，形成完善的产业链。这种合作不仅能够充分利用现有资源，提升技术水平，还能增强国际市场竞争力，推动杜仲产业的持续健康发展。

2. 杜仲药品

杜仲传统功效最早记载于《神农本草经》，其具有补中益气、强筋骨、除腰膝酸痛、除阴下痒湿、小便余沥等功效。《本草纲目》中记载杜仲具有补肝虚、补肾功效。杜仲作为一种重要的中草药资源，被广泛用于中成药的配方中。中医药传统理念在中国根深蒂固，人们对中草药的认可程度高，这为中药产业提供了坚实的市场基础。在中药产业发展过程中，中成药发挥了重要的推动作用，中成药是将中草药经过配方组合、加工制成成品药品，相比于原始的中草药，其药效更加稳定，剂型（丸剂、片剂、颗粒剂、胶囊、口服液、酒剂、膏剂、合剂、丹剂等）更为便捷，因此其价值较高。含有杜仲的中成药不仅是杜仲产业价值链中的高价值环节，同时也是提升杜仲健康价值的关键所在（李耿等，2021）。

在国家药品监督管理局网站上搜索"国产药品"，药品名称为"杜仲"，共有58种药品名称中含有"杜仲"二字，（如强力天麻杜仲胶囊、杜仲平压片、杜仲颗粒、复方杜仲片、杜仲壮骨胶囊、复方杜仲丸等）。但是在这些产品组方中杜仲成分并不高，这些药品名称多来自传统方剂名，以杜仲命名，也反映出杜仲在传统医药中的知名度和影响力（李耿等，2021）。

进一步在药智网健康产业大数据服务与赋能平台进一步搜索发现，在"药品"栏目下搜索"杜仲"，也是有58个名称中包含杜仲的药品，其中一些已经被列入医保药品乙类，这些进入医保药品目录的中成药产品将有助于增加杜仲的市场供应和提升杜仲的健康价值，将会进一步促进杜仲中药产业发展。

在"中药"栏目下，搜索"杜仲"共有383条中成药处方，其中大复方占比较高，而杜仲单方或小复方制剂占比较低，目前只有全杜仲胶囊是杜仲单方制剂。虽然中成药的制剂较多，但大部分是大复方中成药，而大复方中原料众多，杜仲占比相对较低，这样对杜仲原料药材需求不高，对杜仲药材产业拉动效应会比较弱。

3. 杜仲保健食品

杜仲作为一种被称为"植物黄金"的植物，其树皮、叶等部位都具有广泛的食用和药用价值。在杜仲产业中，除了用于中药之外，最成熟的领域之一当属保健食品和功能食品领域（李耿等，2021）。保健食品是指具有特定保健功能，适用于特定人群，不具有治疗功能，但可以调节人体功能，维护健康的食品。功能食品则是指在日常饮食中添加的具有特定功能的食品。在中国，保健食品的生产必须取得国家许可，因此受国家政策的影响较为明显。近年来，中国政府加强了对保健食品行业的监管，出台了多项政策规范行业发展，对行业内的竞争态势和技术发展产生了一定影响（李耿等，2021）。这些政策的出台旨在保护消费者权益，规范市场秩序，促进保健食品行业的健康发展。对于杜仲产业而言，保健食品领域的发展是非常重要的。通过将杜仲提取物应用于保健食品中，不仅可以拓展杜仲的健康价值和经济价值，还可以延伸杜仲整个产业链。这不仅有利于满足消费者对健康的需求，还可以促进杜仲产业的发展和壮大。

2018 年 4 月，国家卫生健康委公布了《关于征求将党参等 9 种物质作为按照传统既是食品又是中药材物质管理意见的函》，就杜仲叶被列入"药食同源"物质征求意见。2020 年 1 月，国家卫生健康委、国家市场监督管理总局联合发布了《关于对党参等 9 种物质开展按照传统既是食品又是中药材的物质管理试点工作的通知》，对杜仲叶等 9 种物质开展"药食同源"生产经营试点工作（李耿等，2021）。2023 年 11 月 9 日，国家卫生健康委、国家市场监督管理总局发出通告，党参、肉苁蓉、铁皮石斛、西洋参、黄芪、灵芝、天麻、山茱萸、杜仲叶等 9 种物质正式纳入按照传统既是食品又是中药材的物质目录（张聪，2024）。在国家政策的大力支持下，杜仲保健品的开发越来越受到重视，杜仲保健品品种越来越多。在药智网健康产业大数据服务与赋能平台上，以"杜仲"为关键词进行搜索，截至2024年4月，一共搜索到与杜仲相关的获得相关部门正式批准并取得"国食健字"的国产保健食品249种，涉及生产企业249家。获得"卫食健进字"的进口保健食品有2种，一种是日本生产的养命酒，另一种是美国生产的浓缩草本植物胶囊。这些保健食品所采用杜仲来源的主要原料有杜仲、杜仲提取物、杜仲叶、杜仲叶提取物、杜仲籽油等。杜仲保健食品具有增强免疫力、辅助降血压、增加骨密度、辅助降血脂、对化学性肝损伤有辅助保护功能、减肥、祛黄褐斑、改善睡眠、通便及调节肠道菌群等11个方面的保健功能（梁雪娟等，2021）。

从杜仲保健食品注册地来看（见图4-1），2000~2023年全国共计28个省份注册了杜仲相关保健食品，其中北京26个，占比12.2%；陕西25个，占比11.7%；广东17个，占比7.98%；江西16个，占比7.51%；河南16个，占比7.51%；浙江14个，占比6.57%；山东14个，占比6.57%，这些是主要的注册地区。之后湖北11个，占比5.16%；上海9个，占比5.23%；湖南8个，占比3.76%；四川和黑龙江7个，占比3.29%，这些地区中湖南、湖北、山东、陕西、河南等是杜仲的主要种植区域，目前我国杜仲种植的总面积高达600多万亩，分布于全国27个省区市，占全世界总资源的90%多。北京、上海、广东等地区虽不是主要的种植地区，但这些地区经济发展水平高，相关补贴支持和奖励政策力度大，企业及科研院所较多，科研转换能力较强，杜仲保健食品的注册数量相对还比较多。随着《全国杜仲产业发展规划（2016~2030年）》的发布，2016年《"健康中国2030"规划纲要》的实施以及2017年《国民营养计划（2017~2030年）》的提出，再加上新冠疫情过后，人们更加关注健康和免疫力，保健意识显著增强，这一趋势不仅体现了公众对健康产品需求的增加，还反映了对预防疾病和增强体质的重视。而杜仲产品在增强免疫力、预防疾病等方面的效果得到越来越多的认可，杜仲相关保健产品越来越受到消费者的青睐，杜仲保健食品的研发和专利申请数量将会持续增长，未来这一领域有着巨大的发展潜力和广阔的市场前景。

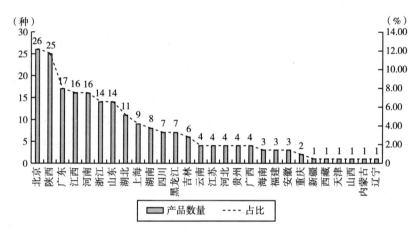

图4-1　部分省份杜仲保健食品的产品数量及占比

资料来源：药智网。

国外的杜仲保健食品专利主要集中在日本和韩国，日本对杜仲的研究和利用有着悠久的历史。早在20世纪初，日本就开始研究杜仲的药用价值，并开发出杜仲茶等保健产品。近年来，日立造船公司与大阪大学、可乐丽（Kuraray）及山中产业（Yamanaka Industry）等多家科研机构和企业合作，不断提升提取技术和产品应用开发的研究，他们通过先进的提取工艺和技术优化，开发出高质量的杜仲茶和杜仲饮料等健康产品。小林制药公司通过与科研机构合作，开发出杜仲胶囊、杜仲片剂、杜仲饮料等多种形式的杜仲保健产品，用于降血压、抗疲劳和增强免疫力等。韩国在天然植物保健品和化妆品领域的研究非常深入，近年来对杜仲的关注度显著增加（李耿等，2021），韩国在杜仲的抗氧化、抗炎、抗衰老等方面的研究取得了重要进展，开发出了杜仲面霜、杜仲精华、杜仲饮品等保健品和化妆品。康帕斯（Kobas）公司通过与韩国东亚大学、浦项科技大学等多所大学合作，开展杜仲在化妆品和减肥产品中的应用研究（李耿等，2021），开发出一系列具有抗氧化和抗衰老功效的化妆品、减肥产品、保健品等。优妮唯乐（Univera）公司与韩国嘉泉大学及其他科研机构合作，利用杜仲的多种活性成分，开发出多样化的保健品和功能性食品，提升了产品的市场竞争力。日本和韩国的这些企业通过与科研机构合作，不断在杜仲提取技术和产品开发上进行创新，提升了杜仲产品的质量和市场竞争力。这些企业不仅在本国市场取得了成功，还通过国际合作和出口，将杜仲产品推广到全球市场，提升了杜仲的国际知名度。随着科技的进步和市场需求的增加，日本和韩国的杜仲产业有望继续保持快速发展，推动杜仲产品在保健品、化妆品和功能性食品等领域的广泛应用。

在良好的宏观环境下，未来国内企业需要加强与国外知名企业和科研机构的交流与合作，快速提升杜仲提取和应用技术水平，借鉴日韩企业的成功经验，开发出更多形式的杜仲产品，满足不同市场需求。通过国际合作和市场推广，将中国的杜仲产品推向全球市场，提升国际竞争力。

二、杜仲产业发展态势分析

（一）杜仲产业发展的整体态势

为全面深入分析杜仲产业的发展趋势及其变化过程，基于杜仲产业的主要公司的技术合作、技术转移、高管流动、投资、并购、专利技术数据等要素，构建竞争与合作关系网络（李耿等，2021），这种方法不仅能揭示产业链中各个环节的互动关系，还能提供洞察力，帮助理解技术进步和市场动态对产业发展的影响。通过分析发现，整体上看杜仲产业的竞争与合作关系未形成网状结构，呈现出的是散状和点线状的特征（李耿等，2021），这些特征反映出杜仲产业中的各个企业之间缺乏深层次的大规模协作，所以导致目前杜仲产业存在以下六个方面的问题：

一是杜仲整体产业效率低，没有规模化协作，企业在生产、研发和市场推广方面难以实现资源的最优配置，导致整体效率不高，生产成本较高，市场竞争力不足；

二是创新能力受限，各个杜仲企业和研究机构之间的信息和资源共享不足，创新成果难以迅速推广和应用，进而限制了整体技术进步和产品创新的速度；

三是技术转移和扩散速度慢，导致新技术、新产品在产业内的推广应用进展缓慢，无法快速响应市场需求变化和技术进步的要求；

四是资源浪费，各个企业和研究机构各自为战，可能会导致重复投资和研发，资源浪费严重，整体资源利用效率低；

五是缺乏统一的行业标准，企业各自为政，产品质量和技术标准难以统一，影响产品的互换性和一致性，制约了市场的进一步扩大；

六是影响市场秩序，企业之间合作不足就容易导致恶性竞争，各企业为了争夺市场可能会采取不正当竞争手段，扰乱市场秩序，不利于行业的健康发展。

（二）杜仲产业市场态势分析

1. 杜仲产业市场供给分析

（1）杜仲的供给量分析。

杜仲广泛种植于我国的亚热带至温带地区，涵盖了27个省（区、市），适应性极强，杜仲的栽培范围大致在北纬24.5°～41.5°、东经76°～126°，南北跨越大约17°，东西跨越大约50°。垂直分布范围在海拔50～2500米，从北方的吉林省到南方的福建省、广东省、广西壮族自治区，从东部的浙江省、江苏省到西部的新疆维吾尔自治区都有种植。杜仲中心产区大致在陕南、豫西南地区、湘西北、川东、川东北、滇东北、黔北、黔西、鄂西、鄂西北地区（杜红岩，2003），其中湖南省杜仲产量占全国杜仲产量的一半左右。根据早期文献记载和现在残存的次生天然混交林和半野生状态的散生树木判断，这些地区是我国杜仲的自然分布区。从自然分布的省区看，北自陕西、甘肃，南至福建、广西，东达浙江，西抵四川、云南，中经安徽、湖北、湖南、江西、河南、贵州等省份。这些省份基本上为局部分布，多集中在山区和丘陵区。新中国成立后的70余年间，国内许多地区引种杜仲获得成功，引种栽培范围扩大到河北、山东、北京、天津、辽宁、吉林南部、宁夏、青海、内蒙古南部、新疆南疆地区、广东北部等地，表现出较强的生态适应性（赵铁蕊，2015）。

基于国家安全和战略性新兴产业的发展考虑，要解决我国天然橡胶资源短缺，其中关键途径就是要大力发展杜仲胶及现代杜仲中药产业，这也能够进一步促进橡胶工业和中药产业健康发展。从图4-2中可以看出，杜仲供给量逐年上升，已经由2011年的197894吨，增长到2023年的300000吨，增长了51.59%。

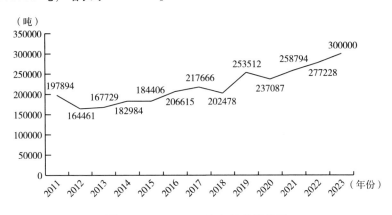

图4-2　2011~2023年杜仲供给量

资料来源：《中国林业和草原统计年鉴》。

　　杜仲因其含有丰富的化学成分，如杜仲胶、绿原酸、杜仲多糖等，同时也具有多种药理作用，包括降压、抗炎、抗氧化、护肝等，因此其广泛应用于多个领域，不仅包括传统的中药领域，还延伸到保健产品、食品添加剂等新兴产业，相关药材、饮片、中成药以及保健产品在国际市场上越来越活跃，产值不断增加，截至 2021 年我国森林药材、食品种植产值达到了 25726432 万元，具体如图 4-3 所示。

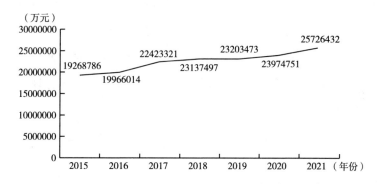

图 4-3　2015～2021 年森林药材、食品种植业总产值

资料来源：《中国林业和草原统计年鉴》。

（2）杜仲供给量的影响因素。

　　杜仲的供给量受多种因素的影响，主要包括以下九个方面。

　　第一，气候条件和季节性因素。气候条件和季节性因素对杜仲的生长和采集有着重要影响，这些因素直接关系到杜仲的供给和市场供应。为了确保杜仲的稳定供应，杜仲种植期间需要密切关注气候变化和季节性因素。合理的农业管理和栽培技术可以帮助减轻气候变化的影响，如通过灌溉系统应对干旱，通过选择适宜的栽培地点避免极端天气。此外，合理安排采集时间和储存方法也有助于保证杜仲产品的质量和供应的连续性。

　　第二，可持续的种植和采集。可持续的种植和采集实践对于杜仲行业的长期发展至关重要。这不仅有助于保护和利用自然资源，还可以提高杜仲的产量和质量，确保市场的稳定供给。通过科学管理、培训教育、政策支持和有效监管，杜仲行业可以实现可持续发展，满足市场需求。

第三，土地和资源的可用性。合理规划土地用途，确保农业用地不被过度开发或改变用途，有助于维持杜仲种植的可持续性。杜仲需要肥沃的土壤来提供生长所需的养分，土壤的有机质含量和养分水平直接影响杜仲的生长和药效成分的积累。杜仲的生长需要充足的水分。水资源的可用性直接影响种植面积和产量，尤其在干旱地区，水资源短缺可能成为限制因素。因此，土地可用性、土壤质量和水资源对于杜仲的种植至关重要，影响着杜仲的供给。此外，对于自然生长的杜仲，避免过度采集，确保植物能够正常生长和繁殖，实施可持续的采集管理，可以保障杜仲供给的可持续性。

第四，市场需求。市场需求对杜仲的供给具有直接且重要的影响。当市场需求旺盛时，供应商会增加种植和采集规模，增加供给量，而当市场需求降低时，则会减少杜仲供给。供应商需要灵活应对市场需求的变化，通过调整种植规模、优化成本、拓展市场和多样化产品等策略，确保供需平衡和企业的可持续发展。同时，利用市场分析和需求预测工具，提前预判市场变化，制定相应的生产和经营策略，也是应对市场波动的重要手段。

第五，政府政策和法规。政府相关政策和法规对杜仲行业的供给具有显著影响，这些政策可以直接影响杜仲的供应量和可持续性。出于保护国内资源和确保国内市场供应充足的目的，政府可能对杜仲的出口设置限制，这种限制可以防止过度采集和出口，但可能会影响供应商的国际市场机会。为防止过度采集和资源枯竭，确保杜仲的可持续利用，政府可以设定采集配额或采集时间窗口，或者禁止在非采集季节进行采集或对某些地区实施采集禁令。同时政府可以提供种植补贴或财政激励，鼓励种植者扩大杜仲的种植面积和采用先进的种植技术，这样有助于增加杜仲的供给，并提高种植者的收入，另外通过提供相关技术培训和支持，帮助种植者提高杜仲的产量和质量，确保供给的稳定性。合理的政策和有效的监管不仅有助于增加杜仲的供给，还能确保其生产过程的可持续性，提升产品的市场竞争力。

第六，价格和经济因素。价格和经济因素在杜仲行业的供给方面起着关键作用。当杜仲价格较高时，种植者和供应商会有更大的动力增加种植面积和采集量，以获取更多利润。而高价格带来的利润可以用于投资先进的种植技术和设施，提高生产效率和产量。同时高价格还会吸引新的种植者和投资者进入市场，进一步增加杜仲的供给。反之，价格低迷时，种植者和供应商的利润减少，可能会缩减种植规模或减少采集量，减少供给。持续的低价格可能导致一些种植者和供应商退出市场，尤其是那些成本较高或规模较小的生产者。低价格也削弱了供应商的投资能力和意愿，可能导致技术进步和生产效率的停滞。经济因素如通货膨胀、汇率变动和投资情况也会影响供应商的决策。如果发生通货膨胀，生产成本（如劳动力、农资、运输等）增加，可能会抬高杜仲的价格。如果价格上升不足以抵消成本增加，供应商的利润空间将受到挤压。同时通货膨胀降低了消费者的实际购买力，可能会导致杜仲产品的需求下降，进而影响供给决策。汇率变动会影响杜仲产品在国际市场上的竞争力。经济环境良好时，更多的资本投入农业领域，可能促进杜仲种植规模的扩大和技术改进，增加供给。因此，种植者和供应商需要灵活应对这些变化，通过市场预测、成本控制等策略，确保杜仲供给的稳定和可持续发展。

第七，科技研发和创新。科学研究和技术创新在杜仲行业中发挥着关键作用，如通过传统育种和现代生物技术，改进种植方法、培育优良品种、应用先进的种植和加工技术，可以显著提高杜仲的产量和质量，从而增加供给。目前我国已选育出杜仲良种33个，其中国审杜仲良种18个，这些良种有力支撑了我国杜仲产业可持续健康发展。杜仲良种规模化嫁接技术也取得重要进展，嫁接成活率超过95%，繁育"华仲"系列良种 1.5 亿株，支撑了全国 90% 以上杜仲种植基地良种苗木供应（杜仲产业研究课题组，2022）。另外，科研机构和企业的合作、政府的支持与资助也对推动杜仲行业的科技进步和可持续发展起到关键作用。通过这些措施，杜仲行业可以更好地满足市场需求，实现稳定和可持续供给。

第八，其他竞争产品的影响。杜仲作为一种重要的中药材和保健品，在市场上面临着来自其他药材、保健品和天然植物提取物的竞争。如果竞争产品的价格或需求更具竞争力，消费者可能会选择价格更低的替代品，从而影响杜仲的市场供给。因此，供应商需要通过市场分析、品质控制、品牌建设和差异化策略等措施，灵活应对市场需求和竞争态势的变化。

第九，灾害和其他自然因素的影响。如干旱、洪水、病虫害等自然灾害发生可能对杜仲产量造成负面影响，导致供给减少。另外，土壤质量的下降或污染会影响杜仲的生长和产量。因此，需要科学合理的管理和应对措施，以减轻这些因素对杜仲供给的负面影响，确保其稳定的产量和供应。

总之，杜仲行业的供给受到的影响因素较多，包括气候、可持续性实践、政府政策、市场需求、价格、科学研究和自然因素等。种植者和供应商需要密切关注这些因素，以制定合适的策略，确保供给的稳定性和可持续性。

（3）杜仲供给的预测分析。

根据《全国杜仲产业发展规划（2016～2030 年）》文件指示，我国预计在 2030 年实现杜仲资源种植 3500 万亩，其中国家储备林 200 万亩，杜仲橡胶生产实现 120 万吨。另外，杜仲种植区域的多样化也为初级产品的供给提供了更多可能，不同地区的气候条件和土壤环境使得杜仲的品质和产量存在差异，从而丰富了初级产品的种类和来源。因此，根据之前的历史数据我们可以预测未来杜仲供给量，从预测结果（见图 4 - 4）可以看出，杜仲的产量预计在未来几年将持续增长。这种增长趋势可能是由多种因素驱动的，包括技术进步、种植面积的扩大、品种改良和市场需求的增加。

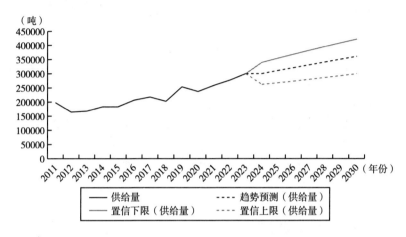

图4-4　2024～2030年杜仲供给量预测

资料来源：根据《中国林业和草原统计年鉴》绘制而得。

2. 杜仲的需求情况分析

（1）杜仲的总体需求量分析。

经过多年的发展，杜仲产业取得了显著进步，杜仲相关产品种类不断丰富，如杜仲中成药、杜仲橡胶、杜仲叶茶、杜仲雄花茶、杜仲籽油、杜仲饲料、杜仲日化美容用品等产品不断拓展，杜仲应用领域已经从药用领域扩展到橡胶材料、日化、食品、饲料等多个领域。杜仲从种植、加工、研发到产品销售的产业链条不断完善（杜仲产业研究课题组，2022），杜仲产业的经济效益、社会效益和生态效益显著提升，杜仲产业已经将工业和农业有机结合起来，形成了一个循环利用资源、降低环境影响、实现可持续发展的产业体系。随着杜仲相关产品的快速发展，国内市场杜仲总体需求量不断增加，已经从2015年183695吨，增加到2022年的276056吨，7年的时间，杜仲整体需求量增长了50.3%，具体如图4-5所示。

图 4 - 5   2015 ~ 2022 年杜仲总体需求量

资料来源：华经情报。

（2）杜仲区域市场需求分析。

进一步分析来看，杜仲的需求市场区域相对比较集中，如图 4 - 6 所示，2022 年中国大陆杜仲主要的消费市场在华东地区，其市场份额达到 42.25%，显著高于其他地区；华中地区是第二大消费市场，市场份额为 20.96%，西南地区市场份额为 13.64%，华北地区市场需求占到 5.87%，西北地区市场需求占到 5.86%，华南地区市场需求占到 5.43%，东北地区市场需求占到 2.99%。其中华东地区经济发达，人均收入较高，居民对健康产品的消费能力强，健康意识强，再加上该地区中医药产业较为发达，有众多中医药加工企业、科研机构和完善的销售渠道，这些因素综合决定了该地区对杜仲的需求旺盛，需求量比较大。

①华东地区杜仲市场需求及规模分析。

华东地区包括上海市、江苏省、浙江省、安徽省、福建省、江西省和山东省，六省一市，华东地区总面积为 83.43 万平方千米，华东地区自然环境条件优越，物产资源丰富，商品生产发达，工业门类齐全，是中国综合技术水平最高的地区。2023 年上海市 GDP 为 4.72 万亿元，江苏省 GDP 为 12.82 万亿元，浙江省 GDP 为 8.26 万亿元，安徽省 GDP 为 4.71 万亿元，福建省 GDP 为 5.44 万亿元，江西省 GDP 为 3.22 万亿元，

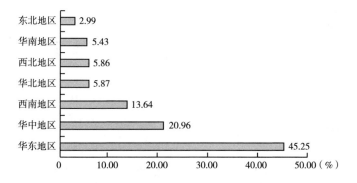

图 4 - 6　2022 年杜仲的需求市场区域分布

资料来源：华经情报。

山东省 GDP 为 9.21 万亿元，2023 年该地区的 GDP 总和达到 48.38 万亿元，位居区域市场的第一位。[①] 该地区的杜仲公司主要有注册资本为 600 万元人民币的江西省银河杜仲开发有限公司，注册资本为 1000 万元人民币的山东贝隆杜仲生物工程有限公司，注册资本为 1000 万元人民币的山东晋禹杜仲药材种植有限公司，注册资本为 200 万元人民币的潍坊绿金杜仲开发有限公司，[②] 这些公司具备一定的技术实力和创新能力，能够推动杜仲产业进一步发展，带动华东市场对杜仲的需求。

如图 4-7 所示，华东地区杜仲的需求量 2015 年为 82957 吨，2016～2017 年需求量稳定增长，2017 年达到 97005 吨。2018 年需求量回落到 90901 吨。2019 年需求量显著上升，达到 114097 吨，这是一个较大的增长。2020 年需求量略微下降至 106637 吨，但仍高于 2018 年的水平。2020～2022 年，需求量持续增长，2022 年达到 124915 吨，这是整个期间的最高值。整体上华东地区杜仲需求量呈现增长趋势，杜仲市场的需求受多种因素影响，包括政策、经济环境、公共健康事件等。未来，随着人们对健康养生的重视度提升，杜仲产品的市场需求将会继续增长。

---

　① 资料来源：国家统计局。
　② 资料来源：根据各公司网站整理而得。

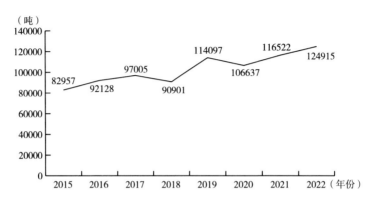

图 4 - 7　2015 ~ 2022 年我国华东地区杜仲需求量

资料来源：华经情报。

进一步分析发现，华东地区杜仲市场规模从 2015 年的 12.95 亿元增长到 2016 年的 16.18 亿元，增长了 24.94%。2017 年市场规模下降到 12.25 亿元，2018 年进一步下降到 10.73 亿元，尽管需求量在 2017 年继续增长到 97005 吨，但市场规模却进一步下降，这可能与市场价格波动或需求结构变化有关。2019 年市场规模回升至 13.83 亿元，2020 年市场规模略微下降至 13.14 亿元，2021 年，市场规模增长到 14.84 亿元，2022 年达到 19.49 亿元，这是整个期间的最高值，在此期间需求量和市场规模均呈增长趋势，特别是 2021 年和 2022 年，市场规模增长显著，显示出市场需求旺盛和价格上涨的可能性，具体如图 4 - 8 所示。总体来看，尽管华东地区杜仲市场规模在部分年份有所下降，但整体趋势是增长的，特别是近年来华东地区杜仲市场规模显著扩大，未来市场前景良好。

②华中地区杜仲市场需求及规模分析。

华中地区是中国中部地区的一部分，包括河南省、湖北省、湖南省三省。在自然地理上是指中国秦岭、淮河以南，南岭以北，巫山、雪峰山以东的长江流域地区（狄金华，2011）。华中地区京广焦枝、枝柳铁路纵贯南北，万里长江与陇海、浙赣铁路横贯东西，具有全国东西、南北四境过渡的要冲和水陆交通枢纽的优势，起着承东启西、沟通南北的重

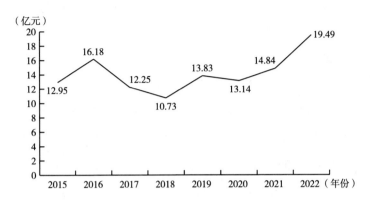

图 4－8　2015～2022 年我国华东地区杜仲市场规模

资料来源：华经情报。

要作用（王华安，2013）。华中地区总面积为 56 万多平方千米，占全国土地总面积的 5.9%。农业发达，轻工业和重工业都有较好的基础，水陆交通便利，是全国经济比较发达地区（王华安，2013）。2023 年湖南省GDP 为 5 万亿元，湖北省 GDP 为 5.58 万亿元，河南省 GDP 为 5.91 万亿元，该地区的 GDP 总和为 16.49 万亿元。[①] 该地区是杜仲的重要种植区域，杜仲产业发展较好，相关的杜仲公司较多，包括注册资本为 1000 万元人民币的张家界 CKY 杜仲生物科技开发有限公司，注册资本为 10000万元人民币的湖南 JJMC 杜仲产业集团有限公司，注册资本为 5050 万元人民币的河南 J 杜仲农业科技有限公司，注册资本为 30000 万元人民币的灵宝 HYJD 杜仲产业有限公司，注册资本为 23000 万元人民币的灵宝市DHGY 杜仲种植有限公司，注册资本为 3000 万元人民币的灵宝 JD 杜仲产业有限公司和注册资本为 5000 万元人民币的某杜仲科技实业有限公司。[②]这些都属于杜仲行业中的领军公司，它们通过各自的资源和业务布局，共同推进杜仲产业的发展。无论是在技术研发、市场推广还是产业链整

---

① 资料来源：国家统计局。
② 资料来源：根据各公司网站整理而得。

合方面，均有较大的潜力和广阔的发展前景。华中地区作为全国发展最好的区域之一，具备了良好的土地资源、气候条件和农业技术基础，可以为杜仲种植提供有利的环境和支持。通过应用先进的技术和管理方法，可以进一步提高杜仲的产量和品质，推动杜仲产业的发展。

从区域市场看（见图4-9），华中地区杜仲需求量从2015～2022年，总体呈上升趋势。杜仲的需求量从2015年的38576吨增加到2022年的57861吨，增长了50%左右。其间在2018年杜仲需求量出现了下降，2019年显著上升，2020年又有小幅下降，之后2021年、2022年连续增长。伴随这一趋势，华中地区杜仲需求量有望继续保持增长。另外，通过分析华中地区杜仲需求量的变化趋势，各个公司可以制定更加精准和科学的发展策略，充分利用市场机会，实现企业的持续和健康发展。

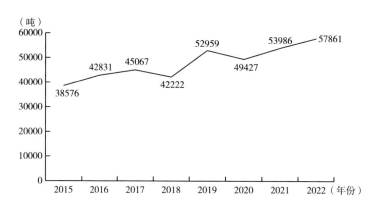

图4-9 2015～2022年华中地区杜仲需求量

资料来源：华经情报。

进一步分析发现（见图4-10），华中地区的杜仲市场规模也是整体呈波动上升趋势，从2015年的5.8亿元，增加到2022年的8.69亿元，增长了49.8%左右。其间2017年和2018年华中地区的杜仲市场规模出现了连续的下降，这可能是由于杜仲市场价格的下降，导致杜仲的需求量和市场规模出现了相反方向的变化。随着杜仲价格的逐渐回暖，2019～2022年杜仲市场规模与需求量同步出现高峰，这也说明了需求量增加直接推动市场规模增长。随着杜仲需求量的增加和市场价格的稳定和提升，华中地区的杜仲市场规模还将继续增加。通过市场规模与需求量的综合分析，各企业可以制定精准的市场策略，实现长期可持续发展，充分发挥华中地区杜仲产业的市场潜力。

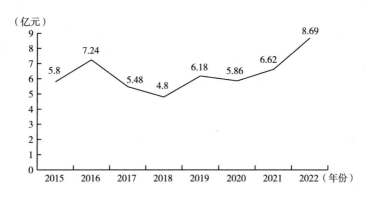

图 4 – 10　2015～2022 年华中地区杜仲市场规模

资料来源：华经情报。

③西南地区杜仲市场需求及规模分析。

西南地区包括四川省、云南省、贵州省、重庆市、西藏自治区 5 个省区市，该地区总面积为 234.06 万平方千米。西南地区是"西部大开发战略"下的重要发展区域，也是中国有色金属工业发展和战略储备的重要基地。2023 年四川省 GDP 为 6.01 万亿元，云南省 GDP 为 3.002 万亿元，贵州省 GDP 为 2.09 万亿元，重庆市 GDP 为 3.01 万亿元，西藏自治区 GDP 为 0.239 万亿元，该地区的 GDP 总和为 14.351 万亿元。[①] 该地区也是杜仲的主产区之一，因此，相关的杜仲公司较多，包括注册资本 5000 万元人民币的四川 JWB 杜仲产业发展有限公司，注册资本 2000 万元人民币的四川 SBS 杜仲生物科技有限公司，注册资本 5000 万元人民币的贵州省铜仁市 GH 杜仲研发有限责任公司，注册资本 19000 万元人民币

---

①　资料来源：国家统计局。

的贵州 ZN 杜仲种植业投资有限公司,注册资本 1000 万元人民币贵州 YL 杜仲产业发展有限公司。[①] 这些公司的存在和发展不仅能够推动当地经济的发展,还能促进杜仲产业链的完善和升级,提高杜仲产品的质量和市场竞争力。杜仲产业在四川省和贵州省具有良好的发展基础和前景。

从图 4 – 11 中可以看出,西南地区杜仲需求量从 2015 ~ 2022 年呈总体上升趋势,需求量从 2015 年的 25019 吨增加到 2022 年的 37654 吨,增长了 50.5%。在此期间,2018 年杜仲需求量略有下降,之后,2020 年杜仲需求量也出现了小幅下降,2021 ~ 2022 年西南地区的杜仲需求量持续增长。作为主要的杜仲种植区之一,随着消费者对保健品及杜仲相关产品的需求增加,以及当地企业生产能力的不断提升,西南地区的杜仲需求量将会进一步增长。

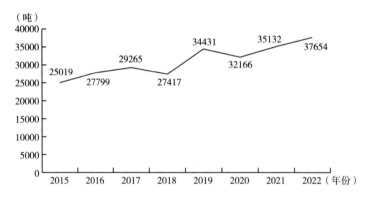

图 4 – 11　2015 ~ 2022 年西南地区杜仲需求量

资料来源:华经情报。

进一步来看西南地区杜仲市场规模的变化情况,由图 4 – 12 可以看出,西南地区的杜仲市场规模呈波动上升趋势,由 2015 年 3.76 亿元,增加到 2016 年的 4.7 亿元,但 2017 年和 2018 年出现了连续两年的下降,2018 年下降到 3.12 亿元,达到了期间最低点。然后,2019 年出现了上

① 资料来源:根据各公司网站整理而得。

升，2020 年有小幅下降，之后 2021 年、2022 年连续两年增长，到 2022年西南地区的杜仲市场规模达到了 5.66 亿元，处于其间的最高值。结合杜仲的需求量可以发现，需求量增加的同时市场规模大幅增加，表明市场价格可能上升，需求量增加但市场规模下降，可能是由于价格下降。

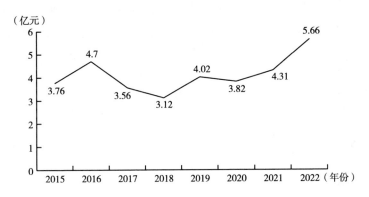

图 4 - 12　2015 ~ 2022 年西南地区杜仲市场规模

资料来源：华经情报。

④华北地区杜仲市场需求及规模分析。

华北地区包括北京市、天津市、山西省、河北省、内蒙古自治区，两市两省一区；位于北纬 32° ~ 42°，东经 110° ~ 120°，具体范围为大兴安岭以西，青藏高原以东，内蒙古高原以南，秦岭淮河以北，东临渤海和黄海，该地区总面积为 155.69 万平方千米。其中，京津冀地区是我国北方经济规模最大、最具活力的地区（包容性绿色增长的理论与实践研究课题组，2022）。2023 年北京市的 GDP 为 4.38 万亿元，天津市的 GDP为 1.67 万亿元，河北省的 GDP 为 4.39 万亿元，山西省的 GDP 为 2.57 万亿元，内蒙古自治区的 GDP 为 2.46 万亿元，2023 年华北地区 GDP 总和为 15.47 万亿元。[①] 华北地区的气候和土壤条件适合种植杜仲树，该地区的杜仲种植范围比较广，相关的杜仲公司包括注册资本为 10000 万元人民

---

① 资料来源：国家统计局。

币的中林 JJ 杜仲产业研究院有限责任公司，注册资本为 3800 万元人民币的唐山 HY 杜仲种植有限公司，注册资本为 5000 万元人民币的河北省 BYYH 杜仲科技开发有限公司，注册资本为 8800 万元人民币的 JJMC 杜仲产业（闻喜）有限公司[①]。

如图 4－13 所示，华北地区的杜仲需求量从 2015 年的 10893 吨，增加到 2022 年的 16204 吨，增长了 48.76%，在此期间，2018 年和 2020 年出现了小幅下降，之后，2021 年和 2022 年持续增长。华北地区杜仲需求量整体上呈现出波动增长趋势，华北地区杜仲需求量略高于西北地区。中药材市场需求、健康产业发展、经济增长和政策支持等多方面因素共同推动了华北地区杜仲需求量的增长。

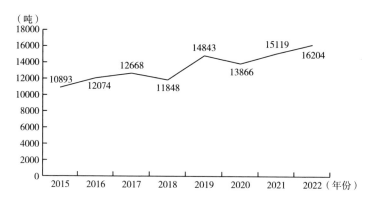

图 4－13　2015～2022 年华北地区杜仲需求量

资料来源：华经情报。

进一步来看华北地区杜仲市场规模的变化情况（见图 4－14），2015 年华北地区杜仲市场规模为 1.59 亿元，2016 年增加到 1.98 亿元，之后，2017 年和 2018 年两年连续出现了下降，下降到了 2018 年的 1.31 亿元，2019 年出现了上升，2020 年又有小幅的下降，之后 2021 年和 2022 年连续两年增长，增加到了 2.37 亿元，从 2015～2022 年华北地区杜仲市场规

---

① 资料来源：根据各公司网站整理而得。

模增长了 49.1%。整体呈现上升的趋势，按照此趋势，未来华北地区杜仲市场规模还将继续增长。

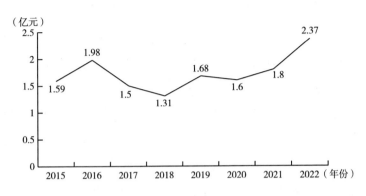

图 4 - 14　2015~2022 年华北地区杜仲市场规模

资料来源：华经情报。

⑤西北地区杜仲市场需求及规模分析。

西北地区包括陕西省、甘肃省、青海省三省及宁夏回族自治区、新疆维吾尔自治区，三个省、两个自治区，简称"西北五省区"，该地区总面积为 310.82 万平方千米（张翀等，2011）。自然地理上，西北地区指大兴安岭以西，昆仑山—阿尔金山、祁连山以北的广大地区，大致包括内蒙古中西部、新疆大部、宁夏北部、甘肃中西部，以及与这些地方接壤的少量山西、陕西、河北、辽宁、吉林等地的边缘地带。西北地区处于我国西北部内陆，面积广大，干旱缺水，风沙较多，生态比较脆弱，人口相对比较稀少，资源丰富，但开发难度较大。另外，该地区国界线漫长，为边境贸易的发展提供了一定的优势。2023 年山西省 GDP 为 3.38 万亿元，甘肃省 GDP 为 1.19 万亿元，青海省 GDP 为 0.38 万亿元，宁夏回族自治区 GDP 为 0.53 万亿元，新疆维吾尔自治区 GDP 为 1.91 万亿元，2023 年西北地区的 GDP 总和为 4.01 万亿元。① 该地区陕西省和甘肃

———————

① 资料来源：国家统计局。

省的杜仲种植较多，相关杜仲公司包括注册资本为 1000 万元人民币的安康 HY 现代杜仲产业有限公司，注册资本为 20000 万元人民币的陕西林业集团 BK 杜仲生物科技有限公司，注册资本为 2000 万元人民币的甘肃 RL 杜仲产业开发有限公司，注册资本为 2000 万元人民币的甘肃 HZ 杜仲生物开发有限公司和注册资本为 3800 万元人民币的陇南 HY 杜仲资源产业开发有限公司。①

　　西北地区的杜仲需求量如图 4 – 15 所示，西北地区杜仲需求量，从 2015～2022 年，整体呈现出增长的趋势，杜仲的需求量从 2015 年的 10746 吨增长到 2022 年的 16178 吨，增加了约 55.58%。其间有波动情况，2018 年、2020 年出现了下降，这也是市场需求的短暂回落。2021 年、2022 年杜仲需求量稳步增长，按此趋势发展，未来，西北地区的杜仲市场需求将不断增加。

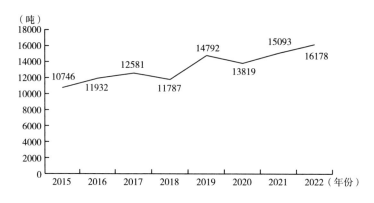

图 4 – 15　2015～2022 年西北地区杜仲需求量

资料来源：华经情报。

　　进一步分析发现，西北地区杜仲市场规模（见图 4 – 16），从 2015～2022 年，总体呈波动上升的趋势。从 2015 年的 1.53 亿元增加到 2022 年的 2.31 亿元，增长了 51% 左右，在此期间，2017 年和 2018 年西北地区

---

①　资料来源：根据各公司网站整理而得。

杜仲市场规模出现了连续下降，这可能是由于受到供需不平衡或产品供应过剩、竞争加剧、价格下降等因素影响。2020年与2019年相比，也出现了小幅下降，这一变化可能与市场调整有关。由于市场需求的强劲增长和价格上升双重驱动，2021年、2022年西北地区杜仲市场规模出现了持续的增长。

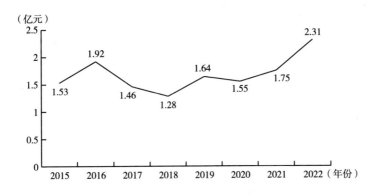

图4-16　2015～2022年西北地区杜仲市场规模

资料来源：华经情报。

⑥华南地区杜仲市场需求及规模分析。

华南地区，现指中国南部地区，为中国七大地理分区之一。华南地区一般包含广西壮族自治区、广东省、海南省以及香港、澳门两个特别行政区，但是一般统计资料中不包含香港、澳门。华南地区是中国经济发展的重要区域之一，其中广东省由于拥有优越的地理位置和发达的港口，其经济实力雄厚，工业基础先进，对外贸易经济活跃，2023年广东省GDP为13.57万亿元，处于全国首位。① 广西地理位置优越，南邻北部湾，面向东盟，是中国与东盟国家之间的重要桥梁，对外贸易迅速增长，2023年广西壮族自治区GDP为2.72万亿元。② 海南省位于中国的最南端，是全国最大的省级经济特区，海南在近几年来得到了中央和地方政

---

①② 资料来源：国家统计局。

府的高度重视，尤其是自 2018 年设立海南自由贸易港以来，海南的经济发展进入了一个新的阶段，经济总量稳步增长，2023 年海南省 GDP 为 0.76 万亿元。① 海南的政策优势和先行先试的制度创新为其提供了巨大的发展机遇，未来，随着自由贸易港政策的深入实施，海南经济将快速增长。2023 年华南地区的 GDP 总和达到 17.05 万亿元。② 该地区的杜仲公司有注册资本为 5000 万元人民币的广东 BK 杜仲生物科技有限公司，专注于杜仲的研究、开发、种植、加工和销售。还有注册资本为 500 万元人民币的广东 YS 杜仲种植有限公司，注册资本为 100 万元人民币的深圳市某杜仲生态农业实业有限公司。③ 尽管这些公司在规模和业务重点上有所不同，但构成了该地区杜仲产业链的各个环节，具有较好的协同发展前景。

华南地区杜仲需求量从 2015 年的 9736 吨增加到 2022 年的 14990 吨，整体呈波动增长态势，2015 ~ 2017 年华南地区杜仲需求量持续增长，2018 年需求量有所回落，然后在 2019 年需求量增长到了 13631 吨，达到了一个高峰，2020 年有点回落，2021 ~ 2022 年出现了持续增长，增加到了 14990 吨，达到了此期间的最高峰。华南地区的杜仲需求量在逐年增加，这一趋势也反映出杜仲产品在市场上的认可度和需求量不断提升，未来随着健康意识的进一步增强和市场推广的深入，杜仲的需求量有望继续保持增长，具体如图 4 – 17 所示。

进一步分析发现，华南地区杜仲市场规模从 2015 年的 1.49 亿元增长到 2016 年的 1.87 亿元，随后在 2017 年下降到 1.42 亿元。2018 年市场规模进一步下降到 1.25 亿元。2019 年市场规模回升至 1.62 亿元，2020 年略微下降至 1.55 亿元。从 2020 年开始，市场规模连续增长，2021 年达到 1.75 亿元，2022 年达到 2.3 亿元，这是整个期间的最高值。杜仲市场

---

① ② 资料来源：国家统计局。
③ 资料来源：根据各公司网站整理而得。

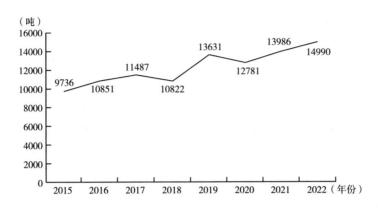

图 4 - 17　2015～2022 年华南地区杜仲需求量

资料来源：华经情报。

规模不仅受杜仲需求量影响，还与杜仲产品的市场价格密切相关，在
2017 年杜仲需求量虽有所增长，但杜仲市场规模出现了下降，这可能是
源于价格因素的影响。2017 年和 2018 年杜仲市场规模下降可能是杜仲市
场价格下降所致，从 2020 年起，随着杜仲需求量增加和杜仲市场价格回
升，市场规模稳定增长。这一趋势表明，随着需求量的增加、市场价格
的回升以及产品和市场推广的不断深入，杜仲市场规模有望继续保持增
长态势，具体如图 4 - 18 所示。

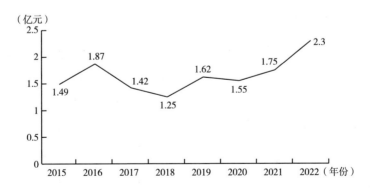

图 4 - 18　2015～2022 年华南地区杜仲市场规模

资料来源：华经情报。

⑦东北地区杜仲市场需求及规模分析。

东北地区，是中国的一个地理大区和经济大区。狭义上指黑龙江省、吉林省、辽宁省三省构成的区域（文桑，2014）。东北地区坐拥中国最大的平原东北平原，四季分明、资源丰富、文化繁荣、经济实力雄厚、以汉族为主多民族深度融合，在全国占有重要地位。该地区总面积为145万平方千米。2023年黑龙江省的GDP为1.59万亿元，吉林省的GDP为1.35万亿元，辽宁省的GDP为3.02万亿元，2023年东北地区GDP总和为5.96万亿元。① 东北地区气候寒冷，杜仲经过引种才在该地区种植，目前在该地区有一定的种植规模。东北地区的杜仲公司主要有注册资本为90000万元人民币的吉林HY（朝阳）杜仲资源产业开发有限公司，注册资本为10000万元人民币的大连某杜仲实业有限公司，注册资本为3800万元人民币的抚顺HY杜仲中草药科技有限公司。②

相对于其他地区，东北地区的杜仲需求量是最少的，这可能主要由于东北地区冬季寒冷漫长，对杜仲的自然生长有所限制，杜仲的生长期在东北地区相对较短，难以达到南方地区的生长速度和产量，这可能使得本地的杜仲种植产业发展受限。而且杜仲的主要市场集中在南方，特别是杜仲的原产地和主产区，如湖南、湖北、贵州等地，这些区域市场需求和供应链较完善。东北地区相对而言，市场需求较低，影响了杜仲的种植和使用。但2015~2022年东北地区的杜仲需求量也是呈上升的趋势，从2015年的5768吨，增加到了2022年的8254吨，增长了43.08%。其间，2018年出现了小幅下降，2020年出现了小幅下降，2021年和2022年两年出现了持续增长，具体如图4-19所示。

由于东北地区杜仲的需求量较低，因此杜仲的市场规模相对其他地区也较低。2015~2022年东北地区杜仲市场规模呈波动上升趋势。2015

---

① 资料来源：国家统计局。

② 资料来源：根据各公司网站整理而得。

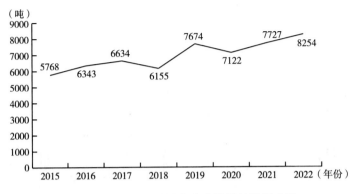

图 4 - 19　2015～2022 年东北地区杜仲需求量

资料来源：华经情报。

年杜仲的市场规模为 0.8 亿元，2016 年增加到了 0.99 亿元，但是 2017 年和 2018 年出现了连续的下降，之后 2019 年又开始增长，2020 年小幅下降，2021 年和 2022 年持续增长到 1.14 亿元。按照此发展趋势，随着杜仲需求量的增加以及杜仲市场价格的回升，东北地区的市场规模将继续增长，具体如图 4 - 20 所示。

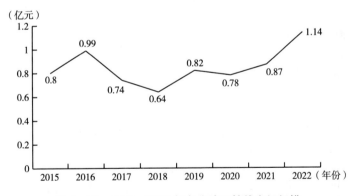

图 4 - 20　2015～2022 年东北地区杜仲市场规模

资料来源：华经情报。

综合分析来看（见图 4 - 21），2015～2022 年，七大区域中，华东地区的杜仲市场需求量最大，其次是华中地区，处于第三位的是西南地区。华北地区、西北地区和华南地区的杜仲市场需求量非常接近。东北地区的杜仲需求量显著低于其他地区。

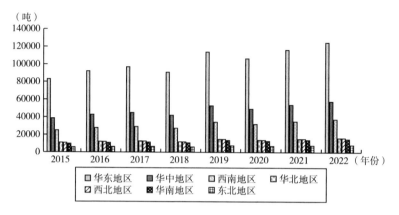

图 4 – 21　2015 ～ 2022 年各区域杜仲市场需求量

资料来源：笔者根据前述数据综合整理。

进一步来看杜仲市场规模（见图 4 – 22），2015 ～ 2022 年七大区域中，华东地区的杜仲市场规模是处于第一位的，远远高于其他地区。华中地区的杜仲市场规模处于第二位，第三位是西南地区。华北地区、西北地区和华南地区的杜仲市场规模基本相当，东北地区的杜仲市场规模要远远小于其他地区。

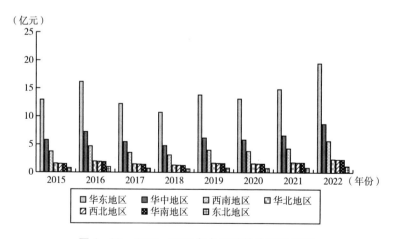

图 4 – 22　2015 ～ 2022 年各区域杜仲市场规模

资料来源：笔者根据前述数据综合整理。

综合来看，所有地区的杜仲需求量和市场规模总体呈上升趋势，尤其是近几年增长较为显著，各个地区均展现出杜仲市场的广阔潜力，显示出杜仲产业的良好发展前景。未来，不同区域市场之间需要加强合作，分享技术和市场资源，提升整体竞争力。继续加强杜仲种植技术和产品研发，提升产量与产品质量和种类，满足市场多样化需求。要进一步加大市场推广力度，提高消费者对杜仲产品的认知度和接受度，扩大市场规模，共同推进杜仲产业的发展。

（3）杜仲需求的影响因素分析。

综合来看，杜仲的需求受多种因素的影响，归纳起来，主要包括以下七个方面。

第一，健康趋势和健康意识的提升。随着社会经济的发展和人们生活水平的提高，健康和生活质量成为人们关注的重点，越来越多的人开始重视日常保健和预防疾病，这使得消费者开始关注杜仲等保健品的保健功效，推动了杜仲产品的市场需求。另外，现代医学虽然发展迅速，但许多消费者更倾向于选择自然、无副作用的保健方法。杜仲作为一种传统中药材，被认为具有天然的保健效果，如改善关节健康，抗氧化作用，降血压降血脂，增强免疫力等，这些功效刚好迎合了人们的健康需求。

第二，全球老龄化加剧。全球范围内，老龄化现象日益加剧。据统计，全球老年人口（60 岁及以上）数量持续增长，预计到 2050 年，全球老年人口将达到 21 亿人，占总人口的比例将达到 22%。而中国是老龄化速度较快的国家之一。据预测，到 2030 年，中国 65 岁及以上人口将占总人口的 20% 以上，老龄化问题日益严峻。[①] 老年人面临的如骨质疏松、关节炎、高血压等健康问题增多，因此他们对保健品的需求不断增加。杜仲因其有助于改善关节健康，缓解关节炎症，增强骨骼强度而受到老年

---

① 资料来源：中国政府网。

消费者的青睐，这些群体对杜仲等保健品的需求显著增加，推动了市场需求的增长。

第三，文化和传统的影响。文化和传统在药材使用中扮演着重要角色，在一些文化中，人们更倾向于信任和采用传统的疗法，认为它们更安全、更可靠，而像杜仲这样的草药就被视为传统的疗法，被广泛应用于中药制剂和民间医学中。这种传统认知和实践对需求产生了积极影响。文化和传统的影响在一定程度上塑造了人们对药材的选择和使用方式，也反映了对传统智慧的尊重和信赖。

第四，科学研究的支持。科学研究在支持产品的功效和安全性方面发挥着重要作用，对于杜仲这样的传统草药也不例外。新的研究结果可以通过科学方法验证杜仲的益处，包括其药理作用、化学成分、药效评估以及可能的副作用和安全性。这些研究成果不仅可以增强消费者对杜仲的信任，还可以拓展其应用范围，发现新的潜在用途，从而促进杜仲行业的需求增长。

第五，市场宣传和消费者教育。这是促进杜仲行业需求增长的关键因素。制造商和营销者可以通过不同的渠道（包括杂志广告、电视广告、社交媒体宣传、健康公众号等）向公众传达杜仲的健康益处，这些宣传活动可以强调杜仲在中药制剂和民间医学中的应用历史，以及现代科学研究所证实的功效。除此之外，通过举办健康讲座、在线研讨会、健康展会等活动，让消费者了解杜仲的用途、优点以及正确的使用方法。同时提供简单易懂的信息资料，如使用指南、健康提示、常见问题解答等，帮助消费者更好地理解和接受杜仲。通过市场宣传和消费者教育提高公众对杜仲的认知和信任度，从而促进市场需求的增长。

第六，竞争产品的挑战。杜仲所在的保健品和中药材市场存在着众多的竞争对手，它们也具有类似或相似的健康益处。消费者的选择往往受到这些市场上与杜仲竞争的产品的影响，因此，杜仲产业需要面对竞争对手的挑战，需要采取改进产品的质量和效果、提高产品的品牌知名度和信誉度、进行差异化营销以突出杜仲的独特优势、价格竞争或开发新产品等相应的策略来满足消费者的需求，并保持住市场地位和竞争力。

第七，合规性和安全性的要求。法规和质量控制对杜仲行业至关重要，监管机构对保健品和草药的生产、销售和宣传都有一系列法规和标准，旨在确保产品的合规性、安全性和质量。符合这些法规和标准可以帮助建立消费者对产品的信任，从而提高杜仲产品需求，并且有助于维持整个行业的良好发展态势。

杜仲行业的需求受多种因素影响，了解和考虑这些因素对于杜仲行业的参与者来说非常重要，可以帮助他们更好地满足市场需求并制定相应的战略。同时，杜仲行业也需要密切关注市场变化，以适应不断变化的需求和趋势。

（4）杜仲需求未来趋势分析。

根据之前的历史数据进行预测可以发现（见图4-23），未来杜仲的需求量会出现波动上升的趋势，这主要是由于受到人们的健康和保健意识的增强、人口老龄化加剧、科技创新、全球市场的拓展等因素的影响。

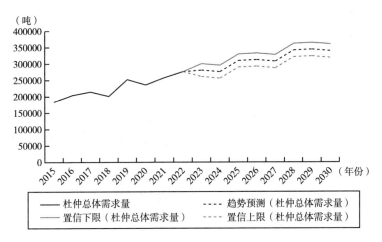

图4-23　2015～2030年杜仲需求量及未来预测

资料来源：根据华经情报数据绘制。

3. 杜仲产业市场规模及预测分析

随着杜仲总体需求量的增加，杜仲产业市场规模不断扩大（见图 4 - 24），已经由 2015 年的 27.92 亿元，增加到 2022 年的 41.96 亿元。但是由于杜仲产品市场均价波动幅度较大，从 2016 年最高 17.1 元/千克，降至 2018 年的 11.5 元/千克，2022 年又回升至 15.2 元/千克。在价格的波动之下，国内杜仲市场增速也出现了大幅波动，但总体上呈现增长趋势，特别是 2021～2022 年的增长尤为显著。2022 年同比增长了 31.4%。结合杜仲产量来看，杜仲的供给和需求基本保持平衡。

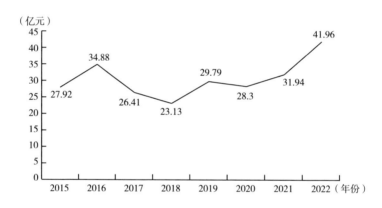

图 4 - 24   2015～2022 年杜仲市场规模

资料来源：共研网。

根据历史数据进行预测，杜仲市场规模在 2023～2028 预计将继续增长（见图 4 - 25），由于市场规模还会受到政策变化、市场需求、技术进步、市场价格等多种因素影响，因此，未来杜仲市场规模会出现波动上涨趋势。这种增长趋势表明杜仲产业的潜力巨大，未来有望在多个领域实现更大的突破和发展。

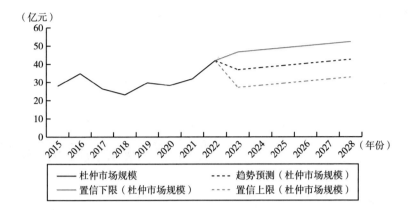

图 4 – 25　2015～2028 年杜仲市场规模及未来预测

资料来源：根据共研网数据绘制。

第五章

杜仲产业的流通分析

一、杜仲产业的流通现状分析

流通是杜仲产业链中至关重要的环节，它影响着产品从生产到消费者手中的每一步。有效的流通不仅可以降低成本，提高效率，还能确保产品质量和满足市场需求的及时性。

（一）杜仲产业的流通主体

在杜仲产业中，流通主体的角色多样且各自具有独特的功能和责任。主要流通主体包括生产者、研究者、加工企业、经销商、出口商以及消费者。

（1）种植者。种植者是杜仲产业链的起点，通常指在地理和气候条件适宜的地区从事杜仲树种植的农户或者种植基地，这些农户（或基地）负责种植、养护和收获杜仲树，是原料供应的基础。种植农户通常是小规模经营，依靠传统种植经验和家庭劳动力，而大型种植基地则能够运用现代农业技术和机械化设备，提高生产效率和质量。种植基地一般由企业或合作社运营，具备更大的种植规模和更专业的管理水平。种植者的种植技术、规模和生产效率直接影响着上游供应的稳定性和成本控制。高效的种植技术和科学的管理方法可以提高杜仲的产量和质量，降低生产成本，从而增强整个产业链的竞争力；相反，如果种植者的种植技术落后或管理不善，则可能导致产量不稳定、质量参差不齐，进而影响杜仲在市场上的供应稳定性和价格稳定性。

（2）加工企业。加工企业在杜仲产业中承担着从初级加工到深加工的关键任务，主要分为初级加工企业和精加工企业。初级加工企业从农户手中收购杜仲原料，进行干燥、分级等初步处理，为进一步加工奠定基础，其质量控制是保证最终产品品质的关键，这些初级处理过程确保了原料的稳定性和品质，为后续的精加工创造了良好的条件，为杜仲进一步的精深加工和产品开发打下基础。精加工企业则利用先进技术和设备，将杜仲深加工成多样化的高附加值产品，如杜仲胶、杜仲茶、杜仲籽油和杜仲药材等，满足市场对健康产品的需求。他们通过高效的提取和加工技术，最大限度地保留杜仲的有效成分，提高产品的纯度和效果。此外，精加工企业不断研发新产品，探索杜仲在不同领域的应用，如保健食品、药品和工业材料，进一步提升杜仲产品的市场竞争力。这些企业不仅需要严格控制每个加工环节的质量，还需要密切关注市场需求变化，及时调整生产策略。通过市场调研和消费者反馈，精加工企业可以开发出更多符合市场需求的新产品，如功能性食品和保健品，以应对消费者对健康生活方式的追求，他们利用先进的技术和设备来提取杜仲的有效成分，创造更高附加值的产品，满足市场上对健康产品的需求。

（3）经销商。经销商是杜仲产业链中的重要一环，包括批发商和零售商两个主要部分。批发商负责将杜仲产品从生产者或加工企业运送到零售市场，充当中介角色。他们的效率和网络覆盖直接影响产品的市场响应速度和成本效率，高效的批发网络确保杜仲产品迅速进入市场，满足消费者需求，同时降低物流成本，提高供应链运作效率。零售商则是连接最终消费者和产业链的最后一环，他们的销售策略、客户服务和市场定位决定了产品的市场表现和消费者满意度。零售商包括超市、保健品店、药房以及电子商务平台等，通过促销活动、广告宣传和会员优惠等手段吸引消费者购买杜仲产品。此外，零售商还需提供优质的客户服务，解答消费者的疑问，提供产品使用建议，提升购买体验和满意度。零售商需要根据自身市场定位，选择合适的产品组合和销售策略，以最大化销售额和利润。经销商的运作不仅影响杜仲产品的市场覆盖率和销售量，还直接关系到产品在消费者中的口碑和市场表现。批发商通过优化供应链管理，降低物流成本，提高产品流通效率；零售商通过提升客户服务质量和实施有效的营销策略，增加产品销量和市场份额。高效的批发商和零售商网络可以快速响应市场需求，确保产品供应稳定性，提升消费者满意度，进而推动杜仲产业的发展。

（4）出口商。随着杜仲产品在国际市场的需求增长，出口商的作用变得日益重要。出口商负责将杜仲产品销往海外市场，承担着连接国内生产和国际市场的桥梁作用。他们需要处理复杂的国际贸易规则和市场适应性问题，包括遵循各国的质量标准和包装规范，确保产品顺利通关和销售。此外，出口商还需管理国际物流，选择可靠的运输方式，确保产品安全、高效地抵达目的地；面对不同国家的文化和消费习惯，出口商需要灵活调整产品和营销策略，以满足市场偏好。出口商在推动杜仲产品国际化方面发挥着关键作用，通过开拓海外市场、获取反馈信息，提升杜仲产品的全球竞争力和市场影响力，为杜仲产业的持续发展提供重要支持。

（5）消费者。消费者是杜仲产品流通链条的最终主体，是杜仲产品的使用者，这里的消费者是个广义的概念，不仅包括个人用户，还包括企业用户（如制药公司、食品公司、医疗机构等），他们的需求和偏好直接影响杜仲产品的市场走势和产品的开发方向，而消费者的健康意识、购买力和对杜仲产品的认知度是影响消费者需求的重要因素。因此，要重视消费者的反馈和意见，提高消费者的认可度。消费者根据自身的喜好和需求购买杜仲产品，并从中享受其带来的各种健康效益。杜仲产品因其显著的药理作用和保健功效，如降压、降脂、抗炎、抗氧化等，吸引了关注健康、注重养生的消费者。此外，杜仲茶和杜仲籽油等健康食品和饮品也受到消费者的青睐。消费者对杜仲产品质量的高要求，促使企业不断提高生产标准和工艺水平，确保产品的安全性和有效性，通过优质的产品和服务，企业可以培养和保持消费者的品牌忠诚度，形成稳定的消费群体，消费者的需求和反馈不仅引导市场方向，还推动了杜仲产品的创新和质量提升。

（6）科研机构和技术支持单位。科研机构和技术支持单位在杜仲产业中承担着至关重要的角色，科研机构和技术服务提供者通过技术创新和科学研究，推动杜仲产业的技术进步和产品质量提升。他们不仅开发新产品，还改进种植和加工技术，为产业链各环节提供强有力的技术支撑。他们主要来自高校、企业研究机构及社会个人研究者，这些研究者通过深入的科学研究，挖掘杜仲的药理作用和健康功效，开发出多种新型杜仲产品。具体而言，研究者利用先进的提取和加工技术，提高杜仲有效成分的提取效率和产品质量，不断改进提取工艺，以确保杜仲中的活性成分能够高效且纯净地被提取出来，从而提高产品的药效和保健功能。此外，研究者还探索杜仲与其他原料的结合，推出更多元化的产品，如杜仲茶、杜仲胶囊、杜仲精华液等，满足不同消费者的需求。这些研究不仅验证了杜仲产品的功效，还为市场推广提供了坚实的科学依据，确保了杜仲产品的安全性和有效性，增强了消费者的信任度。通过这些研究，研究者能够更好地了解杜仲的各种健康益处，从而进一步推动其在医药和保健领域的应用。此外，研究者在推动杜仲产业发展方面也起着关键作用，他们积极与生产企业合作，将最新的科研成果迅速应用于实际生产中，以提升产品的市场竞争力。

（7）政府机构和行业协会。任何一个产业的发展都离不开政府的支持，政策环境、行业发展规划和政府支持力度对杜仲产业的影响显著。政府和行业协会通过制定政策、标准和规范来支持和规范杜仲产业的发展，同时还提供种植补贴、技术培训和市场信息服务以促进杜仲产业的发展。行业协会还能够通过协作和资源整合，提升杜仲产品的市场认知度和品牌价值。

杜仲产业的流通主体涵盖了从生产到消费的各个环节，各环节中的流通主体都发挥着不可替代的作用，他们之间的协调、合作、共享和联动是保证杜仲产业高效顺利运作、产品质量稳定和产业持续发展的关键。

（二）杜仲产业的流通渠道

杜仲产业的流通渠道不仅影响产品从生产者到消费者的流通速度和成本，还关系到杜仲产品的市场接受度和消费者满意度。杜仲产业的流通渠道可以大致分为传统渠道和现代渠道两类。每种渠道都有其独特的运作模式和特点，对产业的发展有不同的影响。

（1）传统渠道。首先是药材市场。在我国传统药材市场仍然是杜仲产品流通的主要场所之一。药材市场的交易方式较为传统，以面对面交易为主，价格受当地市场供需情况的直接影响，市场上的交易活跃，价格波动较大，农户可以根据市场行情灵活调整销售策略。药材市场不仅是杜仲产品的主要流通渠道，也是信息交流的重要平台，农户和采购商可以在此分享种植、加工和市场需求等信息。目前，国家认可的中药材专业市场有 17 个，主要包括亳州中药材专业市场、四川成都荷花池中药材市场、河北安国市中药材市场、广州市清平中药材专业市场、广西玉林中药材专业市场、山东舜王城中药材市场、西安万寿路中药材专业市场、湖南廉桥中药材专业市场、广东省揭阳普宁中药材专业市场、重庆市解放路药材专业市场、昆明菊花园中药材专业市场、湖北省蕲州中药材专业市场、江西樟树中药材市场、河南禹州中药材专业市场、兰州市黄河中药材专业市场、湖南岳阳花板桥中药材市场、哈尔滨三棵树药材专业市场。这些市场通常提供一站式服务，包括中药材的采购、检验、加工和物流等，它们不仅促进了中药材的流通，同时也推动了相关区域的经济发展。

另外，中医药店、中医院或其他医疗机构也是传统销售渠道的一部分，在杜仲产品的销售中也占据重要地位。这些店铺或医院不仅销售杜仲的初级产品和加工成品，还提供与之相关的医疗咨询和其他中药材，中医院或药店的专业性和服务质量是其吸引消费者的主要优势，店内的医师和药剂师可以为顾客提供个性化的健康建议，帮助他们选择最适合的杜仲产品。药材市场和中医药店作为主要的传统渠道，通过其独特的交易方式和高信任度，为杜仲产业的稳定发展提供了坚实的基础，这些渠道的存在不仅促进了杜仲产品的销售，还在信息交流和市场反馈中扮演了重要角色。

（2）现代渠道。一个是超市和健康食品店，随着健康意识的提高，杜仲及其衍生产品如杜仲茶、杜仲籽油、杜仲酒、杜仲酱油等开始在这些零售场所出现，这些渠道通过现代零售管理，提供便捷的购买方式和广泛的产品选择，确保产品质量和安全性，赢得了消费者的信任。另一个是在线电商平台，由于互联网、移动设备和电子支付等的普及使得电商逐渐成为杜仲产品的重要销售渠道。通过电商平台（如淘宝、京东、天猫、亚马逊、企业微商城等），生产者可以直接与消费者联系，减少中间环节，降低成本，同时扩大销售范围，电商平台的用户评价系统增加了产品透明度和购买信心，促销活动和折扣优惠也吸引了大量消费者。现代渠道通过便捷的购买方式、广泛的产品选择和高效的物流服务，推动了杜仲产品的市场拓展和产业发展。

每种流通渠道都有其优势和局限性，杜仲产业的企业需要根据自身产品特性、市场定位和目标消费者来选择最合适的流通渠道。随着市场环境的变化和消费者需求的发展，杜仲产业的流通渠道也在不断地调整和优化中，厘清这些流通渠道的特点和动态，对于制定有效的市场策略和提高市场竞争力具有重要意义。

（三）杜仲产业的流通模式

杜仲产业的流通模式按销售方式主要分为传统分销模式、直接销售模式、合作社模式、跨境电子商务模式、移动销售和订阅服务模式等多种类型。

（1）传统分销模式。传统的分销模式在杜仲产业中仍然占有重要地位，尤其是在杜仲的主产国中国。在这一模式下，杜仲产品由生产者通过一系列批发商和经销商传递到零售商手中，最终到达消费者，这种多级分销模式允许广泛的市场覆盖，使杜仲产品能够进入不同地区和市场，满足多样化的消费需求。然而，传统分销模式由于涉及多个流通层次，每一级经销商都会增加一定的成本，这导致产品的整体流通成本较高以及流通时间较长。尽管如此，传统分销模式借助批发商和经销商的高效分销网络，使得杜仲产品能够快速覆盖广泛的市场，特别是在农村和偏远地区，这些地方的消费者可能无法通过现代渠道获取产品，而传统分销模式依靠长期建立的商业关系和信誉，能够更好地维持市场的稳定性和客户的忠诚度，因此，属于杜仲的主要销售模式。

（2）直接销售模式（以下简称直销模式）。直销模式是指生产者直接向消费者销售产品，省略了中间的批发商和零售商。这种模式在提高价格透明度、缩短供应链、降低成本方面具有明显优势，且这种模式交易量一般不大，属于小规模交易。通过直销，生产者能够以更有竞争力的价格将杜仲产品推向市场，同时确保产品的新鲜度和质量。随着互联网和电子商务的普及，直销模式越来越受到中小型杜仲生产企业的青睐，它们通过建立在线商城，利用社交媒体和电子商务平台直接接触和服务于消费者。通过这些在线渠道，生产者不仅可以展示和销售杜仲产品，还能与消费者进行互动，了解他们的需求和反馈，从而改进产品和服务。直销模式还为消费者提供了更多便利。消费者可以通过在线平台轻松购买杜仲产品，享受送货上门的服务。同时，在线平台通常提供用户评价系统，增加了产品透明度，帮助消费者作出明智的购买决策，通过社交媒体和电子商务平台，生产者还可以进行精准营销，根据消费者的兴趣和购买行为推送个性化的产品推荐和优惠信息，进一步提高销售效果。

（3）合作社模式。合作社模式特别适合杜仲产业中的小规模生产者。通过联合多个生产者，合作社能够增强市场议价能力，降低成本，并提高市场竞争力。合作社通过共享销售、营销和物流资源，实现了规模化采购和生产，优化了成本结构。同时，合作社还为成员提供技术培训和经验交流的平台，促进技术和知识的共享，提高杜仲产品的质量和产量；合作社也可以通过数字化转型提升管理和运营效率，建立电子商务平台，实现在线销售和物流跟踪。这种模式不仅可以增强小生产者的市场议价能力，还可以共享销售、营销和物流等资源，有助于保障生产者利益，通过集体行动优化成本结构并提高市场竞争力。

（4）跨境电子商务模式。随着全球化和贸易壁垒的减少，跨境电子商务成为杜仲产业拓展国际市场的有效途径。生产者可以通过跨境电商平台直接将产品销往海外市场，这种模式可以迅速响应外部市场的需求变化，减少国际贸易的复杂性和成本。跨境电商平台提供了一个广阔的销售渠道，使杜仲产品能够快速进入全球市场，覆盖更多的消费者。通过这些平台，生产者可以间接接触海外消费者，了解他们的需求和偏好，及时调整产品和营销策略，提升产品的市场适应性和竞争力。跨境电商平台通常提供一站式服务，包括国际物流、支付结算、售后服务等，进一步简化了国际贸易流程。

（5）移动销售和订阅服务模式。移动销售平台和订阅服务模式是现代流通模式的创新。移动销售平台通过智能手机应用程序，让消费者能够随时随地浏览和购买杜仲产品。用户可以通过移动应用获取产品信息、查看用户评价、参与促销活动，并享受便捷的支付和快速配送服务。这种销售方式不仅提高了消费者的购买体验，还能通过数据分析了解消费者的购买行为和偏好，进行精准营销。订阅服务模式为消费者提供定期的杜仲产品供应，如每月定期配送杜仲茶、杜仲胶囊等，这种模式确保了消费者能够持续获得所需产品，避免因忘记购买或库存不足而中断使用。对于生产者而言，订阅服务模式带来了稳定的销售收入和客户基础，有助于更好地进行生产和库存管理。移动销售和订阅服务模式为杜仲产业提供了一种高效、便捷的现代流通方式。通过移动应用程序和定期订阅服务，生产者能够提高销售效率、增加稳定收入、实施个性化营销，并建立强大的消费者关系和品牌忠诚度，这种模式便于个性化市场营销和消费者关系管理，有助于建立品牌忠诚度。

这些流通模式各有优势与局限，杜仲产业的企业应根据自身的规模、市场定位以及资源条件选择最合适的流通策略。随着市场环境和技术的变化，灵活调整流通模式将是杜仲产业持续成长的关键。

二、杜仲产业的流通特征

杜仲作为一种重要的多功效树种，在市场中具有其特有的流通特征，主要包括以下六个方面。

（1）供需周期性明显。杜仲的采收时间具有季节性，通常在春季和秋季进行。采收季节过后，会有一段时间内市场供应量增加，但随着库存的消耗，供应量会减少，导致价格波动。另外，由于杜仲具有药用和保健作用，需求往往会随着季节变化、保健流行趋势、政策变动等因素产生波动，因此，由于季节性采收和市场需求的波动，导致杜仲的供需具有较强的周期性。

（2）集散地集中性强。杜仲的产地比较集中，主要分布在我国的河南、贵州、山东、湖南等地。这些地区不仅是杜仲的主要生产地，也是其初级加工的重要基地。同时杜仲的交易市场也比较集中，大部分杜仲都是在几个重要的中药材市场进行交易，比如安徽亳州、广西玉林、四川荷花池等地。

（3）杜仲品类和品质多样化。由于杜仲的全身都是宝，不同部位有不同的功效，因此，市场上杜仲的产品非常丰富。此外，由于采摘时间、加工工艺和产地不同，杜仲产品有不同的品质等级，这些会直接影响其市场价格。

（4）流通渠道多元化且复杂。杜仲的流通渠道不仅有药材专业市场、批发市场、药店连锁等传统渠道，这种渠道历史悠久、交易量大且稳定，还拥有电子商务、品牌直销、电商平台、社交电商等现代流通渠道。现代渠道的便捷性和覆盖面广，不仅能够吸引更多消费者，还能够提供更多的选择和便捷的购物体验，有利于快速扩大杜仲市场份额。同时杜仲从种植到加工、批发、零售等环节较多，流通链条较长，因此具有一定复杂性。

（5）价格波动明显。由于供需关系、季节变化等因素，杜仲的市场价格存在一定的波动。另外，影响杜仲价格波动的另一个重要因素就是市场预期，市场对未来供需的预期会影响当前价格，如某种病症的流行、保健品的热销等可能导致短期内需求增加，从而拉动价格上涨。

（6）国际市场渠道不断拓展。随着中医药在全球市场的推广，杜仲及其制品的出口需求不断增加，并已经得到当地消费者的认可，目前杜仲主要出口市场包括日本、韩国、欧美等地。同时，为了稳定国际市场，杜仲产品的质量需要不断加强，以满足相关国家的标准和认证要求。

第六章

杜仲产业国际贸易分析

一、杜仲进口情况分析

由于杜仲是我国独有的树种，其他国家的杜仲都是从中国引种过去的，根据中国海关数据显示，近年来我国杜仲的进口数量均为 0，没有进口情况。

二、杜仲出口情况分析

1. 杜仲出口数量分析

根据中国海关统计数据显示（见图 6－1），近年来我国杜仲出口数量呈波动趋势。2015 年我国杜仲出口仅为 711.338 吨，到 2016 年迅速增加到 2656.657 吨，同比增长了 273.47% 左右，将近 3 倍，2017 年杜仲出口量继续增长，增加到了 2959.240 吨。但到了 2018 年，杜仲的出口量下降到 1325.537 吨，同比下降了 55.21%，这可能是因为市场需求饱和、竞争加剧或者政策变化。2018～2022 年杜仲出口数量基本保持在 1200 吨左右，2023 年中国杜仲出口 1133.943 吨，2024 年的 1～4 月中国杜仲的出口量为 225.710 吨。

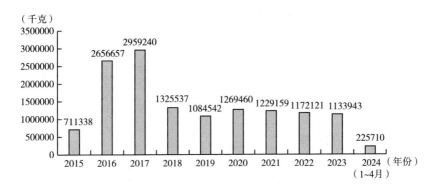

图 6-1　2015～2024 年杜仲出口数量

资料来源：中国海关。

2. 杜仲出口金额分析

根据中国海关统计数据显示（见图 6-2），近年来我国杜仲出口金额呈波动趋势。2015 年我国杜仲出口金额仅为 2512.0962 万元，到 2016 年迅速增加到 10389.0044 万元，同比增长了 313.60%，超过 3 倍，2017 年杜仲出口金额为 7485.2618 万元。2018 年，杜仲的出口下降到了 3129.5008 万元，同比下降了 58.19%。2018～2022 年杜仲出口金额基本保持在 3000 万元左右，市场需求比较稳定。2023 年中国杜仲出口金额为 3186.5337 万元，比 2022 年略微增加，2024 年 1～4 月中国杜仲的出口金额为 564.7305 万元。由于受到进出口政策、关税调整、国际市场需求变化等因素的影响，杜仲出口金额会出现波动变化。

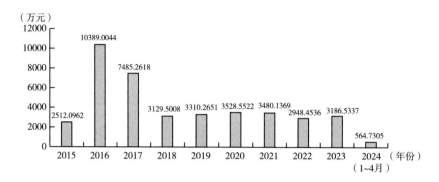

图 6-2　2015～2024 年杜仲出口金额

资料来源：中国海关。

3. 杜仲出口的价格分析

根据前面的杜仲出口数量和金额，可以进一步分析杜仲的出口均价，由图 6-3 可以看出，整体上，我国杜仲出口均价整体呈现波动下降趋势。杜仲出口均价从 2015 年的 35.32 元/千克到 2017 年的 25.29 元/千克，呈现降低的趋势。然后在 2017～2019 年出现了小幅的回升，但在 2019～2022 年又有所下滑。2023 年杜仲出口均价回升至 28.10 元/千克，2024 年 1～4 月价格为 25.02 元/千克，最新期货市场数据显示，2024 年 6 月天然橡胶的价格出现了大涨，低迷近 10 年的天然橡胶价格出现了回暖的情况，天然橡胶的价格上涨也带动了合成橡胶价格的上涨，进而带动了轮胎及相关材料价格的上涨，那么作为天然橡胶的有益补充的杜仲胶的价格预计也会出现上涨，进而带动出口价格的上涨。

4. 杜仲出口目的地分析

从出口目的地来看（见图 6-4），我国杜仲主要出口至越南、韩国、日本、马来西亚等国家，以及中国港澳台地区。根据中国海关数据显示，2023 年我国杜仲出口主要市场比例如下：出口越南的杜仲数量占到全年

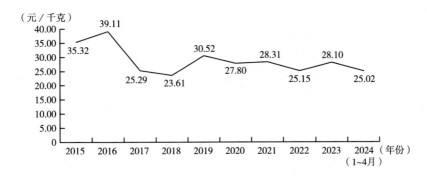

图 6-3　2015～2024 年杜仲出口价格走势

资料来源：中国海关。

出口数量的 38.80%，越南与我国地理接近，便于货物的运输和贸易往来。这种地理位置的优势使得双方之间的贸易更为便利和经济高效，此外，越南深受中华文化影响，特别是在中医药领域。杜仲作为一种广泛应用的中药材，越南市场对其有着较高的认可度和需求，这使得越南成为杜仲的主要出口目的地市场。其次，出口中国香港的杜仲数量占到 13.70%，中国香港是一个国际物流和贸易枢纽，拥有高效的港口和物流设施，简便了中药材的进出口流程，其作为一个重要的国际贸易中心，不仅消费大量中药材，还是许多中药材产品的转口贸易中心，来自内地的杜仲可以通过香港再出口到其他国家和地区。同时，香港的中药市场相对成熟，具有完善的中药销售网络，包括药店、超市和保健品店，这为杜仲的销售提供了广阔的市场。处于第三位出口到中国台湾的杜仲数量占到 13.56%，这可能是由于中国台湾地区有深厚的中医草药传统和文化背景，这种文化因素促进了中药材类产品在我国台湾市场上的消费和认可度。杜仲作为中药材的一种，因其传统用途和效果而在我国台湾市场上有一定的市场基础。出口到韩国和日本的杜仲数量分别占到 12.52%、12.46%，日本和韩国对中药材以及中医理念有着较高的认同度和接受度，杜仲作为中草药的一种在两国都具有一定的知名度，而且他们的医药行业相对成熟且规模较大，较早地开发出了杜仲茶、杜仲保健品、杜仲化妆品等，因此有稳定且大量的需求。出口到马来西亚的杜仲数量占4.04%，马来西亚有相当一部分华人社区，他们对中药材和中医有较高的接受度，杜仲作为中药材的一种，可能在这些群体中有较高的需求。除此之外，出口目的地还包括泰国、美国、新加坡、印度尼西亚、澳大利亚、加拿大、中国澳门等地。另外还有一些其他国家，包括尼日利亚、法国、德国、荷兰、西班牙、新西兰、英国、以色列、波兰、比利时、俄罗斯、匈牙利等，出口到这些国家的杜仲数量相对比较少。

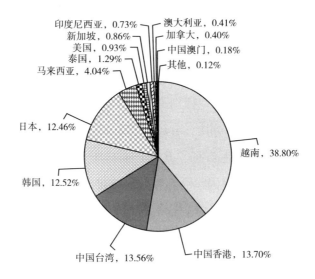

图 6 - 4　2023 年中国杜仲（按数量）主要出口目的地

资料来源：中国海关。

5. 杜仲主要出口地区分析

从注册地出口来看（见图 6 - 5），我国杜仲主要出口省份包括广东、安徽、广西、四川、北京、河南、浙江等。根据中国海关数据显示，2023 年我国杜仲注册地出口数量占全年杜仲出口数量的比例如下：位于第一的是注册地广东省，该省杜仲出口数量占到24.71%，是主要的杜仲出口地，这主要是由于广东省是中国经济最发达的地区之一，经济活跃，企业具有较强的国际贸易能力，产业链完善，加工技术先进，因此许多知名中药企业和保健品公司都在此注册，再加上广东省拥有优越的地理位置和发达的港口，如广州港、深圳港等，交通运输便利，这使得杜仲的出口运输成本较低，出口效率较高。同时广东省政府提供的出口补贴、税收优惠等政策，也促进了杜仲的出口，这些因素共同决定了广东省成为杜仲出口的主要省份。位居第二的是注册地安徽省，该省杜仲出口数量占到24.45%，安徽省拥有多家知名的中药企业和加工厂，先进的加工技术和完善的产业链使得安徽省能够生产出高附加值的杜仲产品，满足国际市场的需求，中药企业具有较强的贸易能力。再加上安徽省地处中国中部，交通便利，能够方便地将杜仲产品运送到沿海港口进行出口，良好的交通条件降低了物流成本，提高了出口效率。位居第三的是注册地广西壮族自治区，该地区的杜仲出口数量占到14.95%，广西壮族自治区的部分城市如玉林市，是中国重要的中药材集散地，这里集中了大量的杜仲产品，通过完善的物流体系输送到各地，同时广西与东南亚国家接近，例如与越南接壤，边境贸易活跃，广西的杜仲通过边境贸易大量出口到越南，满足当地市场的需求，因此，广西壮族自治区的中药企业在国际市场上有着丰富的出口贸易经验，能够有效开拓和维护国际市场，确保杜仲产品的稳定出口。除此之外，注册地四川省杜仲出口数量占到10.48%，注册地北京市杜仲出口数量占到5.29%，注册地河南省杜仲出口数量占到4.57%，注册地浙江省杜仲出口数量占到4.08%，注册地湖南省杜仲出口数量占到2.79%，注册地湖北省杜仲出口数量占到2.07%，注册地天津市杜仲出口数量占到1.76%，注册地江西省杜仲出口数量占到1.70%，注册地山东省杜仲出口数量占到1.05%，这些地区是我国杜仲的重要种植地区，但由于地理位置和经济发展水平所限，使得很多公司更愿意注册到贸易便利和发达的地区，因此，这些地区是杜仲的主要供给地区，满足国内市场需求。另外，还有其他注册地杜仲出口数量合计占到 2.11%（这些省市包括注册地辽宁省杜仲出口数量占比 0.75%，宁夏回族自治区占比 0.55%，河北省占比 0.33%，山西省占比 0.26%，江苏省占比 0.13%，贵州省占比 0.05%，黑龙江省占比 0.04%，重庆市和内蒙古自治区的杜仲出口数量很少，不足 100 千克，所以占比不足 0.01%）。

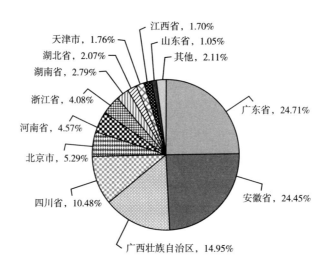

图 6 - 5　杜仲主要出口地区出口数量占比

资料来源：中国海关。

通过以上分析可以发现，杜仲产业在国际市场上具有良好的发展前景，但面对着市场竞争、质量要求和政策变化等多种挑战。需要通过产品多元化、质量提升、品牌建设、市场拓展和渠道建设，加上有效的政策和财务支持，杜仲产业在国际市场上的竞争力和影响力才可以显著提高，才能实现可持续发展。

第七章

我国主要地区杜仲产业发展分析

一、湖南省杜仲产业发展分析

1. 湖南省杜仲产业发展现状

（1）湖南省杜仲种植及分布情况。

湖南省杜仲资源丰富，栽种历史悠久，宋寇宗《本草衍义》中，就有"杜仲产湖广，湖南者良"的记载（陈毅烽，2016）。1953 年，经周恩来总理批准，在慈利县江垭镇建设中国第一个杜仲国有林场，以解决国际缺胶的问题（王效宇，2016）。通过林场的辐射作用，慈利县杜仲林种植面积一度达到 40 万亩，成为中国规模最大的杜仲林种植基地。截至 2020 年，湖南省杜仲种植面积达到 17.3 万亩，湖南省 14 个市州都有种植，其中张家界慈利县、湘西保靖县、益阳安化县和常德石门县是杜仲的主要种植区域，这些地方的杜仲质地优良，其他县市则是零星种植（王效宇等，2016）。

张家界市慈利县杜仲栽培面积是湖南省最大的，有 7.5 万亩，占湖南全省杜仲种植面积的 43%。慈利县地处东经 110°27′~111°20′，北纬 29°04′~29°41′，位于湖南省张家界市的东部，坐落在澧水中游。该县地形多样，主要以山地和山原为主，山河相间，构成了三山两谷的独特地貌。地势呈现出西北高、东南低的特点，山地和山原占总面积的 64%（陈毅烽，2016）。慈利县气候温和，土壤肥沃，降水充沛，生态环境非常适合杜仲的生长。慈利县有着悠久的杜仲栽培历史和传统，早在宋代《本草衍义》一书中就有关于慈利杜仲的记载，称其为品质优良的药材。2014年，慈利县被授予"中国杜仲之乡"的荣誉称号，成为杜仲的重要原产地之一，其有着数千年的野生和人工栽培杜仲历史，其优越的气候和地理条件非常适合杜仲的生长。据不完全统计，慈利县杜仲年均产量约为：杜仲叶 6000 吨、杜仲雄花 80 吨、杜仲皮 380 吨、杜仲籽 90 吨；全县杜仲产业年产值近亿元。① 近年来，慈利县通过科学种植和现代农业技术的应用，杜仲的种植面积和产量不断增加，成为全国重要的杜仲产区之一，为当地经济发展和生态保护作出了重要贡献。

（2）湖南省杜仲产品发展情况。

湖南省杜仲产品综合开发较早的是慈利县，除了以杜仲皮、叶、籽等作为药材外，还开发了相关杜仲系列产品，包括杜仲茶、杜仲酒、杜仲饮料、杜仲粉丝、杜仲精粉、杜仲皂、杜仲牙膏、杜仲洗发水、杜仲籽面膜、杜仲原液、杜仲筷等多种产品。2018 年底先后注册了"情有杜仲""茶坤缘"等商标。参与杜仲等中药材产业的企业、专业合作社、村集体、家庭农场共有 172 家，年产值达 10.57 亿元，并取得了 20 多个注册商标及专利，2019 年 12 月底，"慈利杜仲"获准农业农村部"农产品地理标志"商标，且"慈利杜仲"被列为"湘九味"重点发展品种，杜仲系列产品相继获得湖南省农博会金奖、"中国杜仲创新产品"

---

① 资料来源：慈利县林业局。

荣誉称号。①

在 2022 年第十四届湖南茶博会上，品牌推介会隆重推出了"慈利五彩茶"公共品牌，推动了该县杜仲茶、绿茶、红茶、黑茶和沱茶五大茶系的品牌化发展（田惠平，2023）。湖南安化 DXT 公司在吉首大学的支持下，合作开发了杜仲黑茶系列产品，包括杜仲金茯茶、杜仲黑砖茶、杜仲陈皮金茯茶、杜仲金银花金茯茶及杜仲速溶饮品等。杜仲茶企业品牌意识不断增强，积极打造独具特色的产品品牌，以品牌来拓展市场、抢占先机。"杜仲茉莉花茶"在 2016 年第六届中国杜仲产业发展高峰论坛上荣获"中国杜仲创新产品奖"（田惠平，2023）。通过企业积极的品牌建设，慈利县的杜仲茶叶声名远播。为进一步提升品牌影响力，慈利县茶叶企业不断创新，开发了多种具有地域特色和高附加值的茶叶产品，并采用先进的生产技术和严格的质量控制体系，确保每一款产品的高品质。与此同时，政府与企业携手，通过线上线下相结合的方式，积极开展品牌推广活动，参与全国各大茶叶展览和行业论坛，增强慈利茶叶在国内外市场的认知度和美誉度。慈利县不仅注重品牌建设，还致力于打造完整的茶叶产业链，从茶叶种植、采摘、加工到包装、销售，每一个环节都精益求精；茶农通过科学种植和有机栽培，提升了茶叶的品质和产量；茶叶加工企业则引进现代化设备和技术，优化生产流程，提高生产效率和产品附加值。

此外，慈利县与湖南省中医药研究院、杜仲综合利用技术国家地方联合工程实验室等单位合作培育了具有矮化特点的杜仲新品种，将江垭林场建设成为杜仲省级林木种质资源库。为加强杜仲新基地建设，湖南省依托科研机构、龙头企业和合作社，按照杜仲标准化生产技术要求，发展杜仲嫁接改良技术，细化并标准化育种和嫁接推广体系，推广杜仲叶林和果林模式，强化杜仲林的精细化管理，按照"花、籽、皮、叶"

---

① 资料来源：慈利县人民政府网。

等，分门别类地发展杜仲基地林、良种种苗基地、产地初加工基地等，为杜仲产业发展以及产品创新提供了有力的资源保障。

（3）湖南省杜仲栽培模式。

湖南省杜仲栽培模式主要有传统的栽培模式、果园化栽培模式、雄花园栽培模式以及立体化栽植模式等。传统的栽培模式主要是药用模式，这种模式是湖南省最普遍且栽植面积最大的模式（王效宇等，2015），传统药用栽培模式在我国已经沿用2000多年，其目的主要是获取杜仲皮、杜仲叶和杜仲种子等将其加工为杜仲中药材初级产品。传统栽培模式的主产区主要在湖南省桃源县白鹤山国有林场（树龄大多在11~15年）、浏阳市七宝山药王庙（树龄主要在16~20年）、张家界市慈利县（树龄集中于21~25年）以及国有江垭林场（树龄≥26年）。传统药用栽培模式主要依赖于杜仲皮药材市场，主要原因在于杜仲的综合利用范围窄（赵铁蕊，2015），主要集中在杜仲皮上，忽视了杜仲叶、果、花等其他部分的潜在价值。此外，杜仲的产果量和产胶量相对较低，再加上栽培技术和管理手段相对落后，导致产量不高，难以满足市场需求。因此，过于依赖单一的药材市场，缺乏多元化的市场拓展和产品开发，最终导致经济效益差。

果园化栽培模式主要以生产杜仲果实为主，综合利用果实、皮、叶和雄花，这种新型栽培模式显著提高了单位面积的杜仲产果量和产胶量，经济效益也大幅提升（赵铁蕊，2015）。湘西LD生物有限公司自2011年起开始示范果园化栽培模式，该基地于2013年9月建立，杜仲于2014年3月种植，采用华仲6号和华仲8号品种进行嫁接（王效宇等，2015）。果园化栽培模式不仅提高了杜仲果实的产量，还综合利用了果实、皮、叶和雄花，显著提升了单位面积的产胶量和杜仲其他的经济效益。此外，公司还研发了杜仲雄花园栽培模式，专门用于收集杜仲雄花，这一模式主要是利用杜仲花粉资源，生产出的雄花具有高产、优质的特点，经济效益非常显著（王效宇等，2015）。通过这些创新的栽培模式，湘西LD

生物有限公司在杜仲种植和资源利用方面取得了显著成效，为当地经济发展和生态保护作出了重要贡献，这些模式不仅提高了杜仲的经济效益，还推动了杜仲产业的持续健康发展。

杜仲雄花园栽培模式，以提高杜仲雄花产量和活性成分含量为主要目标。杜仲雄花园栽培模式是一种创新的集约化和多样化栽培方式，不仅利用杜仲皮，还开发杜仲叶、果、胶和雄花的经济价值，增加附加值，杜仲雄花高产园雄花盛产期每公顷年均雄花产量达 3000～3600 千克。通过科学管理，提高种植密度和产量，采用现代农业技术优化种植环境，选用优质品种和高效繁殖技术，提高杜仲的产果量和产胶量。同时，注重生态环境保护，合理间作和轮作，改善土壤质量。通过多样化产品开发，拓宽市场渠道，减少对单一药材市场的依赖，提升整体经济效益。

杜仲立体化栽植模式，是一种充分利用空间和资源的种植方法，通过在不同高度和层次上种植杜仲及其伴生作物，实现多层次、多品种的综合种植，以农养林、以林护农、互相促进，对提高集约化经营水平和总体综合效益具有重要意义（王效宇等，2015）。这种模式不仅种植杜仲树，还在树下和空隙处种植其他经济作物，如药用植物、蔬菜和饲料作物。立体化栽植提高了土地利用率，优化了光照、水分和养分的分配，促进不同作物间的互利共生。此外，这种模式还能有效防治病虫害，减少农药使用，改善生态环境，从而实现生态效益和经济效益双提升。湘西某生物有限公司在杜仲天然橡胶良种采穗园 A 区采用了这种高效的杜仲立体化栽培模式（王效宇等，2015）。以杜仲实生苗平茬作砧木，嫁接了慈利江垭杜仲优树和华仲 6 号、8 号，植株生长一致且状况良好（王效宇等，2015）。林下区域用于养鹅，鹅能够抑制杂草生长并提供有机肥料，园区旁边设有猪舍，利用杜仲叶粉喂养湘西黑猪，这些黑猪肉质优良、细腻且健康。这种立体化栽植方法通过多层次种植和养殖，最大化资源利用，提升了土地利用率，优化了生态环境，并显著增加了经济效益。

（4）湖南省杜仲经营模式。

湖南省杜仲经济林根据经营模式可分为粗放经营模式、一般经营模式和高集约经营模式。粗放经营模式主要是利用杜仲树作为木材或水土保持林，以及进行杜仲皮的简单提取。这种模式由于缺乏有效的管理和科学的取皮方式，导致许多杜仲树非正常死亡（陈毅烽，2016），资源利用率低。张家界市江垭国有林场、常德市国营湖南省桃源县白鹤山林场、益阳市高明乡驿头铺村主要是以粗放经营模式进行管理（王效宇，2016）。一般经营模式主要是在粗放经营模式的基础上进行改进，通过种植杜仲皮制药或杜仲雄花制茶的原料，需要有一定的人为管理和种植面积，但由于缺乏优质栽培品种和先进栽培技术，导致产量不稳定，产品质量不一，市场竞争力较弱（陈毅烽，2016）。高集约经营模式则是一种集约化程度高的经营方式，重点是通过提取杜仲雄花的营养物质和杜仲胶为原料，进行产销一体化的运作。高集约化模式采用新型果园化经营，选择高产、稳产且成分含量优良的杜仲品种（陈毅烽，2016），从品种选育到栽培管理都有严格的科学依据和技术支持。这样的经营模式不仅显著提高了杜仲的产量和质量，还提升了产品的市场竞争力和经济效益。此外，高集约经营模式还注重生态效益和可持续发展，通过科学的管理和技术手段，实现杜仲资源的高效利用和生态环境的保护。

湖南杜仲主产区大部分采用统一规划、分户（或联营）造林以及林场管理的经营模式（王效宇，2016）。自1996年以来，湖南省之前种植的部分杜仲林被砍伐而换种其他的经济类作物，也几乎没有种植大面积的新杜仲林。虽然湖南省的环境气候适合当地杜仲的生长，但慈利县仍大部分沿用传统的乔木林栽培模式，主要进行杜仲皮、木材和杜仲叶的简单初级加工（陈毅烽，2016），然后转销给公司进行精细化加工。随着经济的发展以及人们对杜仲产品需求的提高，这种粗放的栽培和加工模式已经不能满足现代杜仲产业的需求，且经济效益逐渐降低。目前，湖南省内部分林场已停止对原有杜仲林的管理，也未进行杜仲产品的开发

（王效宇，2016）。

如今，新型杜仲经营管理模式（主要指杜仲果林与杜仲叶林栽培管理模式）正在全国各地兴起。张家界慈利县和湘西州的一些公司已经开始尝试这一新模式（王效宇，2016），与传统模式相比，新型管理模式更注重科学管理和资源利用，旨在提高杜仲种植的经济效益和可持续性。通过引入现代化管理技术和创新的生产方式，推动杜仲产品的开发和市场化，新模式不仅能够提升杜仲的整体经济效益，还可以为杜仲产业的长期发展注入新的动力。此外，还可能带来更多的就业机会，促进地方经济发展，推动杜仲相关产业链的形成和完善。湖南杜仲产业正在通过探索和实施新的经营管理模式，寻求更高效、更可持续的发展路径，这一转变不仅有助于提高杜仲产品的市场竞争力，还能为当地经济和生态环境的协调发展提供重要支持。

慈利县已经形成了一个由县政府牵头，县科技局、县林业局等相关部门组成的项目实施组，并以湖南省林产化工工程重点实验室和吉首大学等单位为技术支撑，在江垭林场和相关乡镇，开展了产学研一体化模式的示范试验（王效宇，2016），这些示范试验旨在探索和验证杜仲种植和加工的最佳实践，推动杜仲产业的科技进步和可持续发展。基于此，尽快建立起杜仲产业的研发、生产和销售一体化产业链，吸引更多的投资和专业人才，促进地方经济的发展，同时为杜仲产业的科技创新和市场开拓提供有力支持，进一步提升杜仲产品的市场竞争力和经济效益。

2. 湖南省杜仲出口情况分析

（1）湖南省杜仲出口数量情况分析。

根据中国海关数据显示，湖南省 2015～2023 年的杜仲出口数量如图 7-1 所示，可以看出杜仲出口数量自 2015 年以来波动较大，2015～2018 年呈现逐步增加的趋势，但偶尔也有回落。2015 年湖南省杜仲出口数量为 61.463 吨，而到 2016 年达到了 113.561 吨，比 2015 年的出口数量增加了近85%。而2017年则回落到78.558吨，相较于2016年出口量减少了约30.8%。从2018年开始，到2021年，连续4年湖南杜仲出口量持续增长，2018年出口量有所反弹，增加到了87.155吨，2019年增加到了153.37吨，比2018年的出口数量增加了近76%，2020年增加到了164.782吨，2021年湖南省杜仲出口量创下历史新高，达到了181.392吨。由于国际市场对杜仲需求的波动会影响到出口数量的波动，2017年以来的大幅增长可能与全球市场对杜仲的认知提升有关。从2022年开始，到2023年，湖南省杜仲出口量骤然下降，2022年下降到了79.117吨，与2021年相比，下降了56%，2023年更是降至31.621吨，较2021年高峰减少了超过80%。骤降的原因可能是由于国际市场需求萎缩，2020年新冠疫情的暴发对全球供应链和物流产生了影响，尽管2020年和2021年杜仲出口量有所增加，这可能是由于疫情初期的需求增加（例如对健康产品的需求上升），但2022年和2023年的显著下降也可能与疫情后的经济调整和需求变化有关。而国内对健康产品需求的持续上升，也可能会减少杜仲的出口数量。另外随着市场竞争的加剧，杜仲产品的市场份额会受到竞争者的挤压。

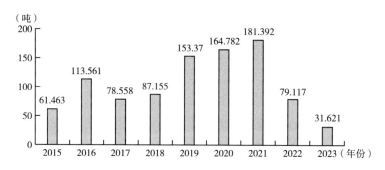

图7-1　湖南省2015～2023年杜仲出口数量

资料来源：中国海关。

（2）湖南省杜仲出口金额情况分析。

根据中国海关统计数据，湖南省2015～2023年杜仲出口金额如

图 7-2 所示，2015～2023 年湖南省杜仲出口金额波动显著，2015 年湖南省杜仲出口金额为 251.177 万元，2016 年出口金额显著增长到 455.25 万元，比 2015 年增加了约 81.3%。2017 年出口金额回落到与 2015 年接近的水平。从 2018 年开始，湖南省杜仲出口金额连续 4 年持续上升，一直到 2021 年达到历史最高点 673.781 万元。而从 2022 年开始杜仲出口金额出现了显著下降，2022 年杜仲出口金额骤降至 302.112 万元，比 2021 年下降了一半左右，而 2023 年更是降至 93.194 万元，与 2021 年相比减少了 86%。杜仲的出口金额主要取决于出口数量和出口价格，由于杜仲出口数量的显著变化带来了出口金额的大幅波动，另外，出口价格的变化也是影响出口金额变化的另一个重要原因。结合湖南省杜仲出口金额和出口数量，可以发现杜仲出口价格是在持续下降的，2015 年的出口价格约为 4.09 万元/吨，2016 年的出口价格为 4.01 万元/吨，2021 年虽然出口数量和出口金额达到了最高点，但出口价格仅为 3.71 万元/吨，2023 年更是下降到了 2.95 万元/吨。2016 年的高增长可能是由于需求大幅增加导致价格上升。而 2022 年和 2023 年需求下降，导致单位价格也明显下滑。

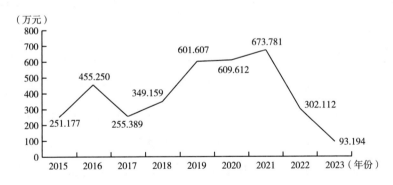

（万元）

图 7-2　湖南省 2015～2023 年杜仲出口金额

资料来源：中国海关。

（3）湖南省杜仲出口地情况分析。

根据中国海关统计数据，湖南省 2015～2023 年杜仲出口目的地主要为马来西亚、印度尼西亚、泰国、新加坡、印度尼西亚、越南等国家以及中国港澳台地区，具体如图 7 - 3 所示。

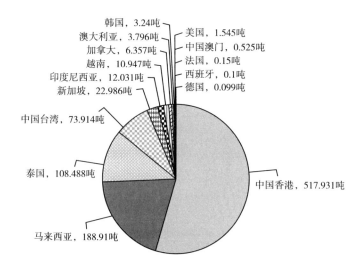

图 7 - 3　湖南省杜仲主要出口地（按出口数量）

资料来源：中国海关。

2015～2023 年，综合来看，中国香港一直是湖南省杜仲最大的出口市场，其间总出口量达到了 517.931 吨，占到了湖南省杜仲出口总量的 55%。其中最高出口数量为 2021 年，一度达到 103.86 吨，出口金额高达 389.86 万元；其次是马来西亚，排在第二位，出口总量为 188.91 吨，其中 2020 年湖南省杜仲出口到马来西亚的最高数量为 37.77 吨，出口金额为 142.93 万元；排在第三位的是泰国，出口总量为 108.488 吨，其中 2021 年湖南省杜仲出口到泰国的最高数量为 27.13 吨，出口金额为 108.91 万元。这些市场的需求量比较大，用户对中草药和保健品有较高需求，市场较为稳定。出口到欧美市场的数量相对较低，市场占比较小，但未来具有较大的潜力，如能有效进入，可大幅提高出口规模。

湖南省杜仲出口整体情况表明：一方面，杜仲出口数量和金额在 2021 年出现高峰，可能是随着我国对杜仲产品需求不断增加，大部分杜仲用于国内市场，限制了出口增长。另一方面，国外市场对杜仲需求相对稳定，导致进口量无显著变化。此外，湖南省杜仲的种植面积和产量在近几年没有大幅增加，生产和加工能力提升不显著，导致整体供给相对稳定。再加上国内外政策和贸易环境及价格的影响，这些因素共同决定了湖南省杜仲出口存在波动趋势。

3. 湖南省杜仲市场发展前景分析

湖南省杜仲产业发展历史悠久，多年来积攒的成果以及杜仲产业发展使得杜仲市场前景广阔。一方面，通过不断引入优质品种和先进种植技术，如华仲6号和华仲8号等良种，并推广先进的种植技术，可以显著提高杜仲的产量和质量。科学的田间管理、病虫害防治和现代化灌溉技术确保杜仲种植的高效和稳定。另一方面，杜仲的深加工技术是提升其市场价值的关键。开发杜仲叶、杜仲皮、杜仲果等的深加工产品，如杜仲茶、杜仲胶、杜仲健康产品，可以大幅提高附加值，高附加值产品不仅能满足市场多样化需求，还拓宽了杜仲的应用领域，提高了经济效益。此外，打造区域品牌和企业品牌，提高杜仲产品的知名度和市场认可度。例如，"慈利杜仲"已经成为国家地理标志保护产品，品牌化运营能够在国内外市场中树立良好的形象，增加产品附加值。

首先，政府给予杜仲产业的支持对杜仲产业市场的发展尤为重要，鼓励企业和农户积极参与杜仲种植和加工，通过建立杜仲产业园区和产业集群，整合上下游企业，形成完整的产业链，提高杜仲产品的生产效率和市场竞争力。其次，推广生态友好型种植方法，减少化肥和农药的使用，保护土壤和水资源，确保杜仲种植的可持续性。立体化栽植模式可以综合利用杜仲资源，形成杜仲种植、养殖和深加工的循环经济模式，最大化资源利用，提高经济效益。例如，湘西LD生物有限公司在杜仲天然橡胶良种采穗园A区采用了立体化栽培模式，通过种植杜仲、养鹅和饲养湘西黑猪，实现了资源的多层次利用和生态效益的提升（王晓宇，2016）。再次，加大对杜仲种植、加工和产品开发的科研投入，与科研机构和高校合作，推动杜仲产业的技术进步。系统地培训种植户和企业，提高他们的种植和管理水平，确保杜仲产业的发展质量和效益。最后，杜仲产业的发展能带动当地就业，增加农民收入，促进地方经济发展。例如，慈利县杜仲产业的年产值已近亿元，对当地经济的发展作出了贡献（陈毅烽，2016）。同时，通过推广生态种植和循环经济模式，杜仲产业的发展将对环境保护和可持续发展产生积极影响。

以上情况表明湖南省杜仲产业良好的发展前景，通过引入优质品种和先进技术、开发深加工产品、加强品牌建设、获得政策支持、推广生态种植、强化科技研发和教育培训，以及实现社会和经济效益的提升，杜仲产业将实现经济效益和社会效益的双丰收，推动产业的全面振兴和可持续发展。

4. 湖南省杜仲产业发展存在的问题

（1）杜仲种植落后，资源供应不足。

湖南省杜仲种植大多采用传统模式进行，主要提供杜仲皮、叶和种子，管理模式粗放，生产与加工技术含量低。在传统种植模式下，杜仲树体高大，采摘难度大，土地和人力资源浪费严重，生产成本高且产量低，产品质量和效益均不高。这种情况使得林户、林场、企业种植杜仲的积极性降低，从而导致种植面积逐渐减少，产量随之下降，相关产品难以实现现代工业化大规模生产。此外，传统种植模式限制了湖南省杜仲产业的多样化发展。生产原料主要是树皮和叶，95%以上的杜仲仍采用传统药用栽培模式，雄花和杜仲果等其他原料的产量极低，每公顷仅50～75千克。调查显示，传统栽培的杜仲中，只有约20%开花结果，80%左右不开花不结果，难以进行综合利用和开发，这不仅增加了生产成本，还降低了经济效益（陈毅烽，2016）。此外，传统种植模式还对湖南省杜仲产业的多样化发展产生了限制。由于采摘和加工技术的落后，杜仲资源的利用率不高，导致产品种类单一，难以满足市场多样化需求。

同时，杜仲树体高大使得采摘工作更加困难，增加了人工成本和劳动强度，进一步影响了生产效率。

（2）缺乏杜仲良种，培养模式单一。

虽然湖南的杜仲种植面积大、数量多，但存在品种单一、抗病虫害能力差、产量不稳定的问题。良种培育团队需要进一步努力，推动高产优质新品种的开发。传统种植技术落后，主要依靠农户自发种植，缺乏标准化、机械化和规模化管理，导致生产效率低，产品质量参差不齐。同时，技术培训不足，农户对现代化种植技术了解有限，难以提升生产水平。此外，杜仲的加工和利用技术滞后，资源利用率低，产品附加值不高，严重制约了产业的发展。为了提升杜仲产业的竞争力，湖南省需要在良种选育、种植管理、技术培训和深加工技术等方面进行改进，推动杜仲产业的可持续发展。

（3）杜仲产品种类不够丰富，产品技术含量较低。

目前，湖南省杜仲产品主要集中在杜仲叶茶和杜仲皮等初级加工产品，种类有限，难以满足市场的多样化需求。深加工产品较少，缺乏高附加值的产品如杜仲提取物、保健品和功能性食品等。同时，加工技术落后，生产工艺简单，导致产品质量和技术含量较低，市场竞争力不足；加工企业规模小，设备陈旧，缺乏现代化生产设施，影响了生产效率和产品一致性；研发投入不足，科研力量薄弱，对高附加值产品的深入研究和开发不够，新产品开发和技术创新能力薄弱，许多企业由于资金和技术的限制，无法进行大规模的研发投入，这也直接限制了产品的多样化和高端化。这些问题导致杜仲产业难以实现现代化和大规模生产，限制了其市场拓展和品牌提升。

（4）管理体系不完善。

目前，湖南省杜仲种植大多数仍采用传统模式，管理较为粗放。种植管理标准不统一，导致产品品质参差不齐，难以保证一致的高质量。此外，加工企业缺乏规范化的生产流程和质量控制体系，这进一步影响了杜仲产品的质量和市场竞争力；信息化管理滞后，产业链各环节沟通不畅，管理效率低下，影响了整个产业的协调发展；专业管理和技术人才匮乏，严重制约了杜仲产业的现代化管理和技术进步；政策支持不足，使得企业在技术改进和市场开拓方面缺乏动力，难以进行必要的技术创新和市场拓展。以上这些问题共同影响了湖南省杜仲产业的整体发展水平，制约了湖南省杜仲产业经济发展。

5. 湖南省杜仲产业未来发展建议

（1）针对市场需要，定向培育优良杜仲品种。

首先，应加强市场调研，深入了解消费者对杜仲产品的需求和偏好，明确高附加值杜仲品种的市场潜力。结合市场需求，集中力量进行杜仲品种选育，重点培育出抗病虫害能力强、产量高、品质优的杜仲新品种。科研机构和企业应加强合作，共同推进优良品种的培育和推广，通过建立示范基地和试点项目，确保优质品种的广泛应用。其次，要推广标准化种植技术，制定统一的管理标准和技术规范，提升种植效益和产品质量，通过现代农业技术的应用，提高杜仲种植的科学性和规范性，从而实现高产稳产，确保产品的一致性和高品质。同时，相关部门应提供技术支持和培训，帮助农户掌握标准化种植技术，提升整体种植水平和管理能力。最后，通过品种改良和标准化管理的结合，推动杜仲产业的全面升级，满足市场需求，提升市场竞争力，实现产业的可持续发展。

（2）推广新型栽培模式与经营模式，科学栽培和经营。

湖南省可以依托生态旅游发展的良好态势，重新定位杜仲产品，创新营销模式，建立杜仲产业园，以高品质产品打造并壮大杜仲全产业链。通过规模化经营，形成多种经营形式共存的局面，包括"企业＋基地＋农户"的专业合作联社模式、"公司＋农户"的联合经营模式、大户承包经营、专业合作社和返承包等。另一方面，引进先进的生产模式，实施科学经营，创新推广杜仲果园化栽培模式或立体化栽培模式，这些模式能够更有效地利用土地资源，增加杜仲的产量；鼓励企业使用先进技术和设备，淘汰低产能和设备老化的企业，从而提升杜仲的生产效率和产品质量；鼓励农户采用合作社或联合体的经营模式，通过集约化、规模化经营，提高种植效率和经济效益；推行现代化管理手段，利用信息化技术实现种植、加工、销售的全程监控和管理，提高管理效率和产品质量。

（3）政府积极支持，促进龙头企业发挥带动作用。

以龙头企业为榜样，带头开展杜仲产品的生产，其生产经营所带来的利润将吸引更多企业和个人加入杜仲产业（王效宇等，2016）。龙头企业通过规模化、标准化的生产和科学的管理，不仅提高了杜仲产品的质量和市场竞争力，还为其他参与者提供了示范和引领作用。随着越来越多的企业和个人加入，杜仲产业将形成更加完善和多样化的产业链，进一步推动杜仲产业的整体发展和壮大，这种集聚效应促进技术创新、资源整合和市场拓展，为杜仲产业的可持续发展奠定坚实基础。因此，政府可以出台相关政策，提供资金和技术支持，扶持杜仲龙头企业的发展，增强其带动能力。龙头企业具备较强的管理能力和技术优势，可以引领整个行业的标准化和规范化建设，鼓励龙头企业建立示范基地，推广先进的种植和加工技术，提高生产效率和产品质量，带动中小企业和农户共同发展。最后，通过完善市场监管体系，加强质量控制，确保产品的一致性和安全性。

二、河南省杜仲产业发展分析

1. 河南省杜仲产业发展现状

（1）河南省杜仲种植及分布情况。

河南省是杜仲的原产地之一。历史古籍曾记载，杜仲出汉中、上虞，其中的上虞为晋南、豫西一带（杨彦利，2016）。河南省具有发展杜仲得天独厚的优势条件，现有杜仲种植面积 100 万亩左右，主要分布在洛阳、三门峡、南阳（杨彦利，2016）。汝阳县杜仲野生资源丰富，栽培历史悠久，汝阳地处丘陵地区，气候、土壤等条件十分适宜杜仲的生长。汝阳杜仲的干叶呈暗绿色或褐色，叶片厚实，断面有均匀的银白色橡胶丝，富有弹性。汝阳杜仲主要分布在南部山区，被誉为"中原杜仲第一县"。2000 年，汝阳县被中国经济林协会命名为"全国杜仲之乡"；2017 年，农业部批准"汝阳杜仲"实施农产品地理标志登记保护。

1993 年，灵宝 TD 科技生态有限责任公司利用荒山、荒坡开发了 3 万亩杜仲林，并通过果园式栽培优化杜仲良种培育。该公司建立了杜仲试验园，种植和培育了 100 余种杜仲品种，是国内品种最齐全的试验园之一，丰富的杜仲资源为杜仲加工和科学研究奠定了基础（陈玮和王华芳，2021）。2000 年灵宝市被中国林业科学院确定为"杜仲高新技术综合研究示范基地"，2004 年被中国林学会杜仲研究会命名为"中国第一杜仲籽园"。灵宝杜仲栽植历史悠久，药性极佳，2006 年，河南"灵宝杜仲"被国家质检总局批准为国家地理标志保护产品（陈玮和王华芳，2021）；2008 年，灵宝市 TD 科技生态有限责任公司制定了《灵宝杜仲标准化生产技术》和《灵宝杜仲有机化生产标准》，涵盖杜仲的产前、产中和产后全过程（孙中杰，2010）；2010 年获国家级杜仲标准化种植示范基地称号。此外，在杜仲产品加工方面，灵宝 JD 杜仲产业有限公司已建成国内最大的年产 30 万吨杜仲饮料生产线；三门峡 TY 生物科技有限公司开发出杜仲叶烘干粉碎生产线；南阳市已成为国内杜仲叶的主要生产基地之一；河南 LPS 农林科技有限公司启动了国内最大规模的杜仲育苗项目（杨彦利，2016）。近年来，河南杜仲的种植面积在汝阳县、灵宝市的辐射带动下逐渐向其他地区扩展（路志芳等，2014），从全国的情况来看，河南省的杜仲产业起步虽晚，但已经积累了在杜仲资源培育研究和示范推广方面以及在杜仲产业化开发方面的优势（杨彦利，2016）。

（2）河南省杜仲资源培育情况。

位于河南省郑州市的中国林业科学研究院经济林研究所，是我国主要的杜仲研究团队，承担了10多项国家和省部级的杜仲育种、栽培和综合利用攻关课题（杜红岩等，2015）。该团队取得了20多项科研成果，获得了10多项国家和省部级科技奖励（杜红岩等，2015）；他们选育出14个不同用途的杜仲良种，这些良种在不同应用领域展现出优异的性能；此外，团队还获得了20余项国家发明专利，这些专利涵盖了杜仲种植、加工和利用的各个方面，进一步提升了杜仲产业的科技含量；团队成员积极开展学术研究，发表了200余篇学术论文，内容涉及杜仲的生物学特性、栽培技术、加工工艺等多个方面，这些研究为杜仲产业的发展提供了重要的理论支持；同时，团队还出版了5部相关专著，系统总结了杜仲研究和应用的最新进展，为科研人员和从业者提供了宝贵的参考资料。

在杜红岩研究员主持的河南省重点课题中，通过筛选128株杜仲优树，进行同龄苗培育、苗期测定、无性系造林测定和区域试验，选育出"华仲1~5号"5个杜仲良种，并通过了国家林木良种审定，填补了我国杜仲良种的空白（杜红岩，2003），提供了优质资源。此外，以杜仲果实的利用为培育方向，着重提高果实产胶量和α-亚麻酸含量，选育出"华仲6~10号""大果1号"等6个果用杜仲良种，果实产量提高了163.8%~236.1%，对杜仲胶新材料和现代中药产业的发展具有积极推动作用（杜红岩等，2015）。同时，还选育出雄花专用的"华仲11号"、具有观赏价值的"华仲12号"和"密叶杜仲"新品种。目前已选育出不同用途的杜仲良种16个，优良无性系30余个，已审定杜仲良种14个，其中国审杜仲良种10个（杜红岩等，2015）。2011年，"杜仲高产胶、良种选育及果园化高效集约栽培技术"荣获河南省科技进步一等奖。2024年6月28日，国家林草局公布了2024年第一批授予植物新品种权名单，中国林业科学院经济林研究所杜仲团队培育的"华仲29号""仲林4号""仲林5号"获得了授权。杜仲系列良种的选育和新型栽培模式的推广，显著提高了杜仲的产量和经济效益，技术的应用不仅增加了杜仲的整体产出，还为种植者带来了更高的经济收益，促进了杜仲产业的快速发展。

（3）河南省杜仲产品发展情况。

橡胶作为重要的战略物资，被广泛应用于工业、农业、医疗卫生、航空和军事等高科技特殊领域（王建兰，2015）。杜仲作为我国特有的名贵经济树种，不仅是珍贵的滋补药材，也是全球应用最广泛的重要胶原植物。中国社会科学院的重大国情调研项目宣布，经过科学家60年的研究和实验，我国在杜仲橡胶资源培育方面取得了重要突破。随着杜仲橡胶产业的不断发展，天然橡胶资源短缺的问题有望显著缓解。据估算，利用高产杜仲橡胶良种并采用果园化栽培技术，杜仲的产果量可比传统方法提高30～50倍（杜红岩等，2015）。河南省现有杜仲种植面积100万亩左右，如果将杜仲种植面积扩展至4500万亩，年产量可达120万吨以上，相当于目前天然橡胶产量的122倍，这将大大缓解天然橡胶资源的不足（杜红岩等，2015）。此外，河南在发展杜仲产业方面具有独特优势，"华仲1～5号"这5个杜仲良种因其优良品质和高产量，已经在河南的很多杜仲主产区进行示范推广，良种的培育种植将有利于大力推动杜仲良种化进程，进而促进杜仲橡胶和现代中药产业的持续健康发展。

灵宝TD科技生态有限公司在资源培育方面积累了许多成功经验，已经建成了0.2万公顷符合现代杜仲产业发展要求的资源基地（杨彦利，2016），是目前全球最大的果园式标准化杜仲基地，收集并保存了39个杜仲品种（陈玮和王华芳，2021）。2008年，河南省灵宝市TD科技生态有限公司获得了有机产品生产基地认证。该公司与西北农林科技大学、河南大学、陕西师范大学、北京化工大学及中国林业科学院经济林研究所等科研机构建立了紧密的合作关系，这确保了公司在产品开发领域保持领先地位，并专注于杜仲系列产品的研发与生产，致力于提升科研水平。据不完全统计，目前我国约有200家杜仲茶生产企业，以杜仲叶为原料的杜仲茶已经发展出杜仲红茶、杜仲绿茶、杜仲黑茶和杜仲复方茶四大类，共计30～40个品种，且产品进一步向功能化和差异化方向发展。全国目前有100多家药企生产杜仲制剂，共有312个品种，其中国药准字药品名称中含有杜仲的品种有63种（陈玮和王华芳，2021）。另外，三门峡市引进实施的果园式栽培具有明显的优势，同时良种选育也取得了较好的成果，拥有100余个杜仲品种（陈玮和王华芳，2021）。这些创新产品不仅丰富了杜仲产品种类，也提高了其市场竞争力和消费者认可度。通过与高校和科研机构的合作，这些企业不断推动杜仲产品的多样化和高附加值发展，进一步拓宽了市场应用领域。此外，中国林业科学院经济林研究所和河南大学联合研发了多种杜仲功能产品，包括杜仲α－亚麻酸软胶囊、杜仲提取物、杜仲雄花茶及饮料、杜仲雄花酒、杜仲干红、杜仲种子酒、杜仲养生饼干、杜仲挂面、杜仲食用菌、杜仲豆芽、杜仲鸡蛋、杜仲猪肉和杜仲化妆品等（杜红岩等，2015）。

（4）河南省杜仲栽培模式。

2008年，灵宝市TD科技生态有限责任公司采用"公司＋基地＋农户"模式，通过广泛宣传，增强了农民标准化种植的积极性，这显著提升了产品质量，使灵宝杜仲的优质率超过98.6%，产量比传统种植增加了30%以上（孙中杰，2010）。目前，河南省的部分杜仲种植仍以传统模式为主，而灵宝地区则有3万亩采用果园化种植。河南HRY实业有限公司杜仲开发汝州分公司近年来采用"公司＋基地＋农户"的产业化经营模式，涵盖杜仲的培育、种植、收购、产品研发和市场销售等业务（赵铁蕊，2015）。河南省汝州市从2011年开始已大力发动和扶持企业与农户发展果园化杜仲种植，并分别建立了杜仲良种苗木基地，着手实施丰胶杜仲示范林工程。河南JD杜仲农业科技有限公司建立了规模化杜仲国家储备林基地；洛宁县省级农业示范园区建立了杜仲优质种苗繁育基地；灵宝市DHGY杜仲种植有限公司作为HY集团的子公司，在杜仲果园的规模化应用、杜仲雄花茶、杜仲籽油及软胶囊加工方面均处于全国领先地位（杜仲产业大事记，2019）。

果园化栽培模式与传统栽培模式的最大差异在于其生产重点和综合利用方式。传统杜仲造林主要集中在杜仲皮的生产,采用高大乔木的药用林方法,主要用于提取杜仲皮。而果园化栽培模式则更加注重生产杜仲果实、杜仲胶和高活性 α-亚麻酸油,并综合利用杜仲的果实、叶、皮和雄花(赵铁蕊,2015)。这种新型栽培模式使杜仲在盛果期的产果量和果实产胶量达到了传统药用模式的 40 倍,单位面积的综合产胶量也增加了 4 倍,大幅提升了经济效益,是培育和利用杜仲天然橡胶资源的最佳方式(赵铁蕊,2015)。

果园化栽培模式不仅提升了杜仲的产量和质量,还极大地促进了杜仲资源的全面利用,提高了产品的附加值和市场竞争力。通过科学管理和现代化技术,这种模式能够更好地控制杜仲的生长环境,优化营养吸收,提高果实和胶的产量。此外,杜仲雄花的利用也得到了充分开发,杜仲雄花含有丰富的营养成分和活性物质,可以提取高附加值的保健品和功能性食品。果园化栽培模式不仅增加了杜仲的经济效益,还推动了杜仲产业的可持续发展。通过果园化栽培,杜仲种植实现了高效、环保和可持续的目标,有效地减少资源浪费,保护了生态环境,增强了社会经济效益。由于产量和效益的提高,杜仲种植户和相关企业的收入得到了显著提升,带动了当地就业,促进了农村经济发展。此外,果园化栽培模式有助于构建完整的杜仲产业链,从种植、加工到销售,各环节相互促进,共同发展。这种模式的推广和应用将为杜仲产业带来更加广阔的发展前景,有助于实现杜仲产业的全面升级和高质量发展。

2. 河南省杜仲出口情况分析

(1)河南省杜仲出口数量情况分析。

根据中国海关统计数据,从 2015~2023 年河南省杜仲出口数量呈显著上升趋势,具体如图 7-4 所示。2015 年河南省杜仲出口量为 2.002 吨,2016 年出口数量降低到 0.120 吨,2017 年又增加到了 2 吨,2018 年

没有出口数据，2019 年继续增长，增加到了 2.384 吨，2020 年增加到了
3.526 吨，连续 6 年河南省的杜仲出口数量较小，出口数量都没有超过 5
吨，并且每年增长变化不大。从 2021 年开始，杜仲出口数量快速增加，
2021 年达到了 25.5 吨，比 2020 年翻了约 6 倍。2022 年继续快速增长，
增加到了 43.2 吨，2023 年河南省杜仲出口数量达到近年来的最高值，出
口数量为 51.774 吨，相比于 2015 年增长了近 25 倍。出口数量快速增长
可能反映了国际市场对杜仲产品需求的显著上升，同时也反映了河南省
在杜仲产业的技术进步和市场拓展上的努力和成效，河南省杜仲的生产
能力和出口能力不断提升。

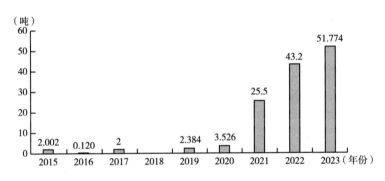

图 7 - 4　河南省 2015～2023 年杜仲出口数量

资料来源：中国海关。

（2）河南省杜仲出口金额情况分析。

根据中国海关统计数据，从 2015～2023 年河南省杜仲出口金额显著
上升，具体如图 7 - 5 所示。2015 年杜仲出口金额为 6.677 万元，到 2016
年下降到了 0.165 万元，2017 年增加到了 3.181 万元，2019 年增加到了
4.291 万元，2020 年继续增长，增加到了 7.759 万元，但在连续的 6 年
里，杜仲出口金额相对比较小，没有超过 10 万元。2021 年后出现了显著
增长，2021 年达到了 49.857 万元，是 2020 年的 6 倍多。2022 年继续增
长到了 81.107 万元，到 2023 年出口金额为 168.934 万元，达到了历史最
高点。从 2021 年到 2023 年，出口金额增长迅速，这些变化显示了国际市

场对河南省杜仲产品的需求快速增加，同时反映出河南省在这段时间内在提升产品质量、拓展市场方面取得了显著成效。

结合出口数量来看，河南省杜仲出口金额和出口数量在整体上呈现了较为一致的增长趋势，尤其自 2020 年以来，出口数量和金额均显著增加，2015 年出口的平均单价较高，达到了 3.34 万元/吨，随后几年有所下降，但到了 2023 年又有较大的上升，达到了 3.26 万元/吨。与湖南省相比，河南省杜仲出口数量、出口金额及出口价格都远低于湖南省，这可能与市场需求、产品品质和销售策略相关，因此，未来提高产品附加值是一个关键的方向。

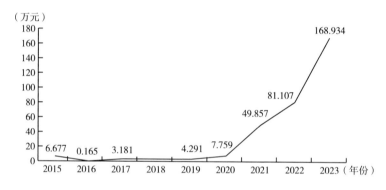

图 7 - 5　河南省 2015～2023 年杜仲出口金额

资料来源：中国海关。

（3）河南省杜仲出口地情况分析。

根据中国海关数据，2015～2023 年河南省杜仲出口地主要有越南、韩国、马来西亚、印度尼西亚、韩国、日本，以及中国香港，具体如图 7－6 所示。2015～2023 年，出口到越南的数量总和是最高的，达到了 111.936 吨，占到了全部出口数量的 86%，其中，2023 年出口到越南的数量最多，达到了 44.01 吨，出口金额为 93.97 万元；韩国排在第二位，总计出口到韩国的数量达到了 8.684 吨；排在第三位的是中国香港，出口数量达到了 7.224 吨（这主要是 2023 年出口到中国香港的数量），出口金额为 11.92

万元；然后是出口马来西亚 2.002 吨，出口尼日利亚 0.54 吨，出口数量
最少的是 2016 年中国澳门，仅有 0.12 吨，出口金额为 0.165 万元。这些
市场的出口数量较少，潜力尚未完全挖掘，未来具有一定的发展空间，
因此，河南省在继续深耕越南市场的同时，也要大力开拓潜力市场。

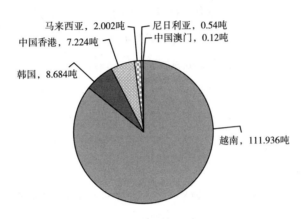

图 7 – 6　河南省 2015～2023 年杜仲主要出口地（按出口数量）

资料来源：中国海关。

出口数量和金额的增长趋势表明，河南省在提升杜仲种植技术、改
善产品质量和拓展国际市场方面取得了显著进步。随着市场需求的增长
和对高附加值产品的开发，河南杜仲产业呈现出良好的发展势头，进一
步推动了出口的增长。总的来说，近年来河南省杜仲出口的持续增长，
尤其是 2023 年的显著提升，展示了河南省在杜仲产业发展方面取得的进
步。通过不断改进技术、提升产品质量和附加值，积极开拓新市场，河
南省杜仲产业有望继续保持增长，进一步提升其在国际市场的份额和经
济效益。

3. 河南省杜仲市场发展前景分析

河南省杜仲产业的发展前景十分广阔，得益于近年来在技术进步和
市场拓展方面取得的显著成效。首先，河南省通过引进和推广高产优质

的杜仲品种，如"华仲 1～5 号"，以及采用现代化的果园化栽培模式，显著提升了杜仲的产量和品质。这些技术进步为杜仲产业的持续发展奠定了坚实基础。其次，杜仲深加工产品的开发增加了附加值，从传统的杜仲皮和杜仲叶茶拓展到杜仲提取物、保健品和功能性食品等高附加值产品，极大地丰富了产品种类，提高了市场竞争力。此外，从 2021 年起，河南省杜仲的出口数量逐年增加，2023 年达到近年来的最高值，出口数量为 51.77 吨，出口金额为 168.93 万元，显示出国际市场对河南杜仲产品需求的增长。[①] 在政策支持和科研合作的推动下，河南省不断加强与西北农林科技大学、河南大学等科研机构的合作，提升杜仲品种选育、栽培技术和加工工艺，为产业发展提供了强大助力。结合全球对天然健康产品需求的增加和人们对健康养生产品的关注，杜仲的市场需求持续增长。通过现代化管理和生态种植，河南省实现了杜仲产业的可持续发展，既提高了经济效益，也保护了生态环境。根据河南省目前的发展情况，通过持续的技术创新和市场开拓，促进杜仲产业实现全面发展，带动地方经济增长，实现经济效益和社会效益的双丰收。

4. 河南省杜仲产业发展存在的问题

（1）杜仲种植规模不足，分布不均匀。

河南省杜仲种植面积虽然已有一定基础，但总体规模有限，现有面积才 100 万亩左右，并且杜仲在河南省分布广泛，涉及 102 个县（市）。这种分布不均匀主要由于以下原因：一是传统种植区域集中，历史发展因素限制了新区域开发；二是自然条件适宜种植的区域有限；三是技术和资金投入不足，特别是中小农户难以承担；四是政策支持力度不够，未能有效激励新区域种植；五是市场需求和风险考虑，农户和企业对市场不确定性存有顾虑。以上种种因素使得杜仲种植规模有限且分布不均

---

① 资料来源：中国海关。

匀，制约了产业的整体拓展和规模效应，难以形成集约化和规模化生产，影响了杜仲产业的可持续发展和市场竞争力。

（2）杜仲产业链不完善。

河南省杜仲产业链条不完善，主要表现在深加工和高附加值产品开发方面的不足。现有产品种类虽然多样，但市场化程度低，缺乏高附加值的深加工产品。原因包括：第一，技术水平有限，深加工技术和设备相对落后，现有的杜仲加工企业大多仍停留在初级加工阶段，缺乏先进的深加工技术和现代化设备，导致产品附加值低，无法充分发挥杜仲的潜在价值。第二，产业链上下游衔接不紧密，各环节协调发展不足，杜仲产业链涉及种植、加工、销售等多个环节，但由于缺乏有效的产业链整合和协调，各环节之间的衔接不够紧密，导致资源利用效率低，难以形成完整的产业链条。第三，科研成果转化率低，创新产品缺乏市场竞争力，虽然河南省在杜仲种植和加工方面进行了一定的科研投入，但科研成果转化为市场化产品的速度较慢，导致创新产品数量少、质量不高，难以在市场上形成竞争力。第四，中小企业在资金和技术上的投入相对有限，无法承担大规模的技术改造和设备升级，导致生产效率低下，产品质量不稳定，限制了企业的发展潜力。第五，政策支持不足，目前的政策支持主要集中在种植环节，对深加工和高附加值产品开发的专项扶持力度不够，企业在开发新产品和提升技术方面得不到充分的政策支持和资金援助，限制了产业的整体升级。

（3）杜仲产品市场开拓乏力。

河南省杜仲产业在市场开拓方面显得乏力，主要表现为市场认知度和接受度低，品牌建设和市场营销策略不足。首先，缺乏系统的品牌建设，导致产品品牌影响力不强，消费者对杜仲产品的认知度不高。其次，市场营销策略不完善，推广方式较为传统，未能充分利用现代营销手段和渠道，如社交媒体、电商平台等新兴渠道，错失了大量潜在客户。此外，市场开拓投入不足，尤其在国际市场推广方面力度明显不足，无法有效进入和占领海外市场，企业在市场开拓方面还缺乏专业人才和资源支持，导致营销活动效果不佳。最后，政策支持力度不够，缺乏针对市场推广的有效激励措施，企业在市场拓展时面临较大压力。

5. 河南省杜仲产业未来发展建议

（1）进一步扩大杜仲种植规模，优化种植布局。

根据河南省林地规划可合理地扩大杜仲种植规模，通过科学规划和政策扶持，推动杜仲种植向适宜的新区域扩展。可以在技术指导和资金支持方面加大投入，特别是对中小农户提供优惠贷款和技术培训，提升其种植能力。同时，加强对潜在适宜种植区域的开发和利用，形成区域均衡发展，提高整体种植面积和产量。此外，政府可以建立杜仲种植示范基地，通过示范效应带动周边区域的种植活动，这些示范基地可以展示先进的种植技术和管理经验，帮助农户和企业提升种植效率和效益。另外，鼓励农民合作社和农业龙头企业参与杜仲种植，通过"公司＋基地＋农户"的模式，形成规模化和集约化种植，提高杜仲的种植规模和效益。

（2）完善杜仲产业链条，提升产品附加值。

推动杜仲产业上下游一体化发展，完善从种植、加工到销售的全产业链条。重点发展杜仲深加工产品，提高产品附加值和市场竞争力；政府和企业应合作进行技术改造和设备升级，提升产品质量和生产效率；同时，鼓励科研机构和企业联合研发，推出更多高附加值的杜仲产品；政府可以设立专项扶持基金，支持深加工技术和设备的研发与推广，提升杜仲产业的整体效益和市场竞争力。通过建立杜仲产业技术创新中心，该中心由政府牵头，联合科研机构、大学和企业共同建设，致力于杜仲深加工技术的研究和开发。技术创新中心应重点攻关杜仲提取物的纯化工艺、杜仲胶的提取和应用、杜仲功能性食品和保健品的研发等关键技术难题。通过集中优势资源，形成技术创新的集聚效应，推动杜仲深加工技术的突破。通过建设杜仲产业技术创新中心，可以有效提升杜仲深加工技术水平，推动高附加值产品的开发和产业化，完善杜仲产业链条，提升产品附加值和市场竞争力，促进河南省杜仲产业的可持续发展。

（3）强化杜仲产品市场推广，提升品牌影响力。

加强杜仲产品的市场推广力度，提升市场认知度和接受度。通过系统的品牌建设，打造具有国际竞争力的杜仲品牌；利用现代营销手段和渠道，如电子商务平台、社交媒体等，进行广泛的市场宣传和推广。政府可以提供市场推广激励措施，支持企业在国内外市场开拓中加大投入，特别是加大国际市场的推广力度。同时，企业应加强市场营销人才的培养和引进，提升市场开拓能力，扩大杜仲产品的市场份额。

三、陕西省杜仲产业发展分析

1. 陕西省杜仲产业发展现状

（1）陕西省杜仲种植及分布情况。

陕西省的杜仲种植主要分布于秦岭山地以南和大巴山以北的地区，具体包括略阳县、宁强县、西乡县、镇巴县、商南县、丹凤县等，这些区域的气候和土壤条件适宜杜仲的生长，为杜仲产业的发展提供了良好的自然环境。截至 2020 年，汉中市保存杜仲树达 3 亿株，占全国杜仲总量的 30.2%。其中，略阳县保存的杜仲树多达 1.29 亿株，宁强县保存的杜仲树有 0.48 亿株，其余 9 个县区合计保存的杜仲树有 1.23 亿株。略阳县是全国最大的杜仲种植县，占全国杜仲量的 12.6%，也是陕西省杜仲的主要发展区（李江月等，2020）。略阳县在杜仲产业发展中具有重要地位，并取得了一系列显著成就：2000 年，略阳县被国家林业局首批命名为"中国名特优经济林——杜仲之乡"，表明了该县在杜仲产业中的重要地位；2008 年 12 月，国家质检总局批准对"略阳杜仲"实施地理标志产品保护，进一步提升了略阳杜仲的品牌知名度和市场竞争力；2012 年略阳县杜仲良种基地被评为"国家级重点林木良种基地"，为杜仲的优质种植和产业化发展奠定了坚实基础。经过不断发展，杜仲产业逐渐成为略阳县的主导产业之一，推动了地方经济的发展和农民收入的增加。

（2）陕西省杜仲栽培模式。

在 20 世纪 90 年代初，陕西省林业技术推广站以及略阳县和安康市等地共同开展了杜仲主干分段剥皮试验，通过这一试验，总结出了最佳的剥皮时间和方法，显著提高了杜仲的栽培效果。此外，他们还进行了剥面喷施植物生长素的试验（何景峰，2000），通过科学手段进一步完善了杜仲的栽培技术。陕西省杜仲种植多采用传统的耕种方式，技术含量低，主要用于满足市场上对杜仲皮和杜仲叶的需求。近年来，随着人们对杜仲价值的不断发掘，杜仲不仅在医药行业中具有重要应用，还被大量用于工业、能源、食品和绿化等多个领域，特别是杜仲胶的广泛应用，显著提升了对杜仲树的需求，使得传统的种植方式已难以满足当前的市场需求。以杜红岩研究员为中心的中国林业科学院经济林研究所提出了多种新型杜仲种植模式，包括杜仲果园化、杜仲雄花园和杜仲叶用林栽培模式等（弥芸等，2017）。这些新模式不仅优化了杜仲的种植方法，还通过引入现代农业技术大大提高了杜仲的产量和质量。此外，杜仲良种的选育也为杜仲产业的良好发展奠定了坚实的基础。从 20 世纪 80 年代初开始，西北林学院在杜仲的主要产区进行了一项重要的选育工作。最初，他们在这些区域内选取了超过 100 株优良树种，通过精细筛选，最终初步确定了 41 株优良单株。这些单株通过无性系繁殖方法进行培养，成功建立了杜仲无性系测定园。无性系繁殖的优势在于可以保持母本的优良性状，确保后代的一致性和高质量。在进一步的研究中，西北林学院的张康健和苏印泉等研究人员发现，杜仲的根段在生理上表现出极性不显的特性（何景峰，2000）。极性不显意味着在植物的根段不同部位，细胞的分裂和生长不受方向性的限制，这为无性繁殖提供了新的可能性。通过这一发现，他们成功地解决了杜仲优良树种的快速无性系繁殖问题，这一技术突破极大地提高了杜仲的繁殖效率和质量，推动了杜仲产业的发展。杜仲栽培和良种的选育技术的提升，不仅提高了杜仲的生产效率和品质，也为杜仲产业的发展提供了坚实的技术支持。但目前在陕西省，退耕还林项目中种植的杜仲数量较多，许多杜仲林的种植户仍然采用传统的种植方式，栽培技术相对落后。尽管新型杜仲栽培模式在一些地区已取得显著成效，但在全省范围内还未被广泛实施，这种状况下，陕西省仍主要依靠传统的种植方式来满足市场需求，而现代化的种植模式有待进一步推广，以更好地发挥杜仲在各领域中的潜力和价值。

（3）陕西省杜仲产品开发情况。

陕西省杜仲资源开发和利用的地区主要集中在汉中市略阳县，略阳县积极与多家科研院所展开合作，包括中国农业科学院茶叶研究所、中国科学院化学研究所、西北农林科技大学和西安医科大学等，旨在通过加强科研合作，推动杜仲资源的高效利用。通过这些合作，略阳县逐步建立了多个加工企业，如 AS 茶公司、JM 杜仲公司、杜仲工业公司和 LJ 饮品公司等，这些企业致力于生产一系列科技含量高且具有良好市场前景的杜仲产品。略阳县通过这些企业的努力，不仅提升了杜仲产品的附加值，还拓展了产品的市场空间。AS 茶公司专注于杜仲茶叶的开发和生产，推出了多种适合不同消费者需求的杜仲茶产品；JM 杜仲公司则在杜仲胶和杜仲饮料的研发和生产上取得了显著成果，生产出的杜仲胶被广泛应用于医疗和保健领域，而杜仲饮料因其独特的保健功效而备受市场青睐。杜仲工业公司和 LJ 饮品公司也分别在杜仲调味品和杜仲酒的生产上不断创新，推出的产品深受消费者喜爱。

陕西省在杜仲产品的开发和利用上，主要集中于杜仲药品和保健品。杜仲药品通常以杜仲皮为原料，而杜仲保健品则多采用杜仲叶为主要原料。陕西省 CL 杜仲开发有限公司和略阳某杜仲开发公司推出了多种保健产品，包括杜仲茶、杜仲酒、杜仲叶浸膏粉、杜仲纯粉、力箭杜仲饮料和杜仲冲剂等，这些产品逐渐被市场接受并受到消费者的认可（何景峰，

2000）。此外，杜仲药品主要有杜仲胶囊、片剂和杜仲粉等，广泛用于医疗和保健领域。

陕西 BS 生物工程有限公司、略阳 JM 杜仲产业有限公司和汉中 YY 医药科技发展股份有限公司等企业，利用杜仲叶和雄花开发出了一系列创新产品，如杜仲雄花茶、杜仲可乐和杜仲挂面等（弥芸等，2017）。这些企业通过持续的研发和创新，不断丰富杜仲产品的种类，满足了不同消费者的需求，通过不断的技术创新，企业成功推出了多样化的杜仲产品，如杜仲雄花茶保留了杜仲的药用成分，杜仲可乐和杜仲挂面将杜仲的营养融入日常饮食中，使得杜仲产品更易被大众接受和喜爱。这种创新不仅提升了产品的市场竞争力，还扩大了杜仲产品的消费群体。近年来，陕西省一些地区还培育出了新型杜仲品种，这些品种不仅用于传统的药品和保健品生产，还广泛应用于道路和乡村绿化，进一步拓展了杜仲的应用领域。此外，随着市场对橡胶需求的不断增加，陕西省也在加大对杜仲胶的研发和利用力度。1996 年，略阳某杜仲开发公司引进了中国科学院的杜仲胶提炼技术，建成了一座年产 30 吨的杜仲粗胶工厂，填补了陕西在杜仲胶开发方面的空白（何景峰，2000）。这一举措不仅提升了省内杜仲产业的整体水平，还推动了当地经济发展，为杜仲产业的可持续发展奠定了坚实基础。随着科技的不断进步和市场需求的不断扩大，陕西省的杜仲产品将在更多领域发挥重要作用。

2. 陕西省杜仲出口情况分析

（1）陕西省杜仲出口数量情况分析。

根据中国海关统计数据，陕西省 2015～2023 年杜仲出口数量经历了明显的波动（见图 7-7）。

陕西省杜仲出口数量在 2016～2018 年出现大幅增长，从 2016 年的 0.46 吨增长到 2018 年的 18.83 吨，比 2016 年增长了 40 倍左右，是九年间的最高值。然而，2019 年出口数量出现了急剧下降，下降到了 2.665

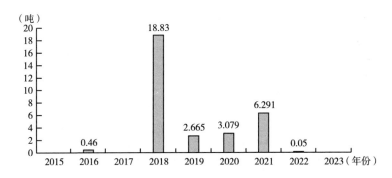

图 7 - 7　陕西省 2015～2023 年杜仲出口数量

资料来源：中国海关。

吨，下降了 85% 左右，这可能是由于国际市场需求变化、市场竞争加剧或供应链问题导致的。2020 年、2021 年陕西省杜仲出口数量出现了小幅增长，2020 年增加到 3.079 吨，2021 年增长到 6.291 吨，然而 2022 年再次骤降至 0.05 吨，这可能是受到某些特定因素影响。陕西省出口数量的显著波动反映了市场的不稳定性，数据波动显著且缺乏持续增长势头，这可能反映出陕西省在产品研发、市场拓展方面做得不足，尤其是产品多样性和市场营销方面需要加强。

（2）陕西省杜仲出口金额情况分析。

根据中国海关数据，陕西省 2015～2023 年杜仲出口金额波动明显，具体如图 7 - 8 所示。其中 2015 年、2017 年和 2023 年没有相关的统计数据。2016 年陕西省杜仲出口金额为 2.077 万元，2018 年出口金额大幅增加到 24.382 万元，达到了九年中的最高点，之后就出现了明显的下降，2019 年杜仲出口金额大幅下降到了 4.788 万元，2020 年小幅增长回升，2021 年增长到了 10.763 万元，但 2022 年又大幅下降至 0.688 万元，比2015 年降低了 67%。

陕西省杜仲出口数量和出口金额剧烈波动，但二者的变动趋势是一致的，表明市场需求变化影响显著。结合出口数量和出口金额可以发现，陕西省杜仲出口的单价由 2016 年的 4.515 万元/吨，下降到了 2018～

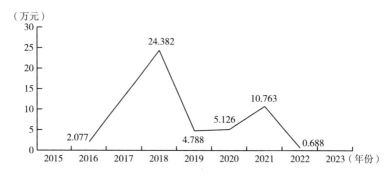

图 7 - 8　陕西省 2015～2023 年杜仲出口金额

资料来源：中国海关。

2021 年的 1 万元/吨左右，2023 年虽然出口数量和出口金额较低，但出口单价达到了 13.762 万元/吨。从整体趋势来看，陕西省的杜仲出口数量和出口金额未呈现出持续增长，因此，未来陕西省需要进一步加强市场策略、产品质量和品牌建设等方面的工作。

（3）陕西省杜仲出口地情况分析。

根据中国海关统计数据，陕西省杜仲出口地主要有越南、马来西亚、新加坡、日本、美国，以及中国香港。从具体的数据可以看出，这九年来，出口最多的地区是越南，共计出口 21.495 吨，占到整个市场份额的 65%，其中 2018 年出口到越南的数量达到最高，为 18.83 吨，出口金额为 24.38 万元；其次是马来西亚，共计出口 4.098 吨；排在第三位的是中国香港，共计出口 3.794 吨，其中，2021 年出口到中国香港的数量为 3.444 吨，出口金额为 4.918 万元。之后，出口新加坡总计 2.785 吨，出口日本总计 0.46 吨，出口到美国的数量最少，仅有 0.35 吨，出口金额仅为 0.688 万元。虽然日本、美国这些国家的出口数量相对较少，但仍有一定市场份额，可以作为潜在市场进一步开发（见图 7 -9）。因此，未来陕西省需要在保持和扩大在越南市场份额的同时，通过提高产品质量，开发多样化产品，加大品牌宣传和市场推广等措施深入开拓新的市场，不断提升国际市场份额，实现杜仲产业的可持续增长和发展。

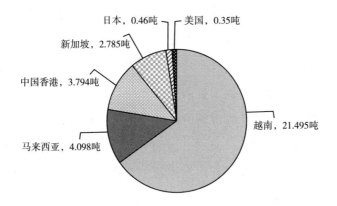

日本，0.46吨　　美国，0.35吨
新加坡，2.785吨
中国香港，3.794吨
马来西亚，4.098吨
越南，21.495吨

图 7 - 9　陕西省 2015 ~ 2023 年杜仲主要出口地（按出口数量）

资料来源：中国海关。

综合来看 2015 ~ 2023 年的数据，陕西省杜仲产品的出口数量和金额存在显著波动，因此需要采取全面的市场调研、产品质量提升、多样化产品开发和全球市场拓展等措施，以实现杜仲产品的持续稳定增长和价值提升。

3. 陕西省杜仲发展市场前景分析

陕西省杜仲产业的发展前景广阔，主要体现在技术进步、市场需求增长和政策支持等方面。近年来，陕西省在杜仲种植和加工技术上取得了显著进步，尤其是在良种选育和新型栽培模式的推广上，科研机构如西北农林科技大学和陕西省林业工作站的研究为提高杜仲的产量和质量提供了强有力的技术支持。同时，陕西省与多家科研院所的合作，不仅推动了杜仲资源的高效利用，还促进了杜仲产品的多样化和高附加值发展。随着全球对天然健康产品需求的增加，杜仲产品的市场需求也在不断增长，尤其是杜仲茶、杜仲胶和杜仲饮料等产品的需求持续上升。此外，略阳县"略阳杜仲"地理标志产品的保护和品牌建设，进一步提升了杜仲产品的市场认知度和竞争力。

尽管 2018 年杜仲出口量达到近年来的峰值后有所波动，但整体趋势表明杜仲产品在国际市场上具有很大的潜力和需求。随着政策支持的不断加强，尤其是退耕还林等生态工程中杜仲种植的推广，杜仲产业得到了进一步的发展和保障。政府的政策措施不仅提升了杜仲产品的市场影响力，也为企业和农户提供了更多支持和激励。通过加强市场开拓和品牌建设，陕西省杜仲产品的市场份额有望进一步扩大，国际市场的认可度和需求量也将持续增长。此外，杜仲产业的发展不仅具有经济效益，还在生态保护和可持续发展方面发挥着重要作用，有助于实现经济、社会和生态效益的协调统一。

4. 陕西省杜仲产业发展存在的问题

（1）杜仲良种较少，基础研究滞后。

目前，杜仲的种植主要依赖于少数传统品种，缺乏系统选育的高产、高质量良种。这些传统品种在产量、品质和抗逆性等方面难以满足现代市场的需求。此外，基础研究投入不足，导致在良种选育和栽培技术研究方面进展缓慢。科研机构和企业对杜仲的研究多集中于初级层面，缺乏深入系统的研究和创新，导致科研成果转化率低，新品种和新技术的推广应用有限。同时，技术推广体系不完善，即使有部分研究成果，但由于推广渠道不畅，许多种植户难以接触到先进的种植技术和优良品种，导致生产水平难以提升。因此，陕西省杜仲产业的发展受到良种缺乏和基础研究滞后的严重制约，亟须加大科研投入，进行系统的品种选育和技术创新，完善技术推广体系，推动杜仲产业的现代化发展。

（2）杜仲加工规模小，综合利用水平低。

陕西全省杜仲加工企业大多为小规模企业，缺乏现代化的生产设备和技术，导致生产效率低，产品质量不稳定。这些企业主要集中于杜仲皮和杜仲叶的简单加工，缺乏深加工产品和多样化的产品线。综合利用水平低，未能充分挖掘杜仲的全部潜力，造成资源的浪费和附加值的低下。此外，加工企业的技术创新能力薄弱，缺乏对杜仲综合利用的深入研究和开发，未能开发出更多高附加值的杜仲产品，如杜仲精油、杜仲提取物等。整体来看，加工规模小和综合利用水平低限制了杜仲产业的发展，使得陕西省杜仲产品在市场竞争中处于劣势地位。

（3）缺乏牵引杜仲产业化生产的龙头企业，没有形成完整的产业链。

当前，陕西省杜仲产业内缺乏具有规模和影响力的龙头企业，这些企业在产业链中起着关键的带动作用。由于龙头企业的缺失，杜仲种植、加工和销售环节之间缺乏有效的衔接和协同，整个产业链条未能形成系统性布局。这种状况导致产业链各环节相互割裂，资源整合和利用效率低下。此外，缺乏龙头企业的引领，杜仲产品在市场推广和品牌建设方面力度不足，市场影响力有限，难以吸引更多的资源和关注，无法有效开拓市场和提升产品附加值。因此，陕西省杜仲产业亟须培育和发展一批具有规模和竞争力的龙头企业，通过龙头企业的带动作用，完善产业链条，提升产业规模和整体竞争力，推动全省杜仲产业的全面发展。

5. 陕西省杜仲产业未来发展建议

（1）引种适宜良种并扩大种植，加大投资力度。

首先，引种适宜良种，扩大种植规模。通过与国内外知名科研机构合作，引进适应当地气候和土壤条件的高产优质杜仲良种，这些新品种具有更高的产量和更强的抗病能力，有助于提升种植效益；建设示范基地和试验田，展示良种的优越性和科学种植技术，通过现场观摩和技术培训提升种植户的技术水平和良种认知度；在适宜地区建立杜仲良种繁育基地，进行规模化繁育和推广，确保优良品种的种源充足和质量稳定。其次，加大投资力度，加强基础研究。政府和企业应增加对杜仲基础研究的资金投入，支持科研机构和高校开展杜仲良种选育、栽培技术和病虫害防治等方面的研究；设立专项科研基金，鼓励科技人员攻关关键技术难题，加快科研成果的转化和应用，提升杜仲产业的科技含量和市场竞争力；通过持续的科研投入，不断提升杜仲的种植和加工技术水平，实现产业的可持续发展；推动科研机构、高校和企业之间的合作，建立杜仲研究与开发的协同创新平台，通过产学研结合，提升科研成果的转化效率，加快新品种和新技术的推广应用。

（2）建立行业规范，开发多种形式的杜仲产品。

首先，制定和推广杜仲产品的生产标准和质量规范，确保产品质量的一致性和稳定性。通过政府和行业协会的共同努力，建立统一的行业标准，规范生产流程和工艺，提升杜仲产品的整体质量和市场信誉；鼓励企业按照规范进行生产，确保杜仲产品的安全和效果，从而提升市场竞争力。其次，加大对杜仲产品深加工技术的研发投入，推动杜仲资源的综合利用；支持企业开发多样化的杜仲产品，如杜仲精油、杜仲提取物、杜仲保健品、食品添加剂等，提升产品附加值；通过技术创新和产品研发，拓展杜仲的应用领域，满足不同市场需求，增强市场竞争力和品牌影响力。同时，推广杜仲产品的市场宣传，提升消费者对杜仲产品的认知和认可度，扩大市场份额。

（3）政府提供支持，鼓励龙头企业发展。

政府可以设立专项资金，对杜仲产业的龙头企业在技术创新、设备更新和规模扩展等方面给予财政补贴，降低企业运营成本和投资风险；通过与金融机构合作，为龙头企业提供低息或无息贷款，解决企业在扩展生产规模和技术改造过程中面临的资金难题；资助科研项目，鼓励龙头企业与科研机构、高校合作，开展杜仲新品种选育、深加工技术和综合利用研究，提升技术水平和创新能力；投资建设杜仲产业相关的基础设施，如加工园区和物流网络，为龙头企业提供良好的生产和经营环境。

在鼓励龙头企业发展上，一方面，可以通过政策引导，鼓励现有的中小企业通过兼并、重组等方式做大做强，提升企业的规模和竞争力，对于有潜力的企业，政府可以提供专门的指导和支持，帮助其发展成为行业的龙头企业。另一方面，通过提供优质的资源和政策倾斜，吸引国内外大型企业和投资机构进入杜仲产业，带动整个产业链的发展。龙头企业应在产业链上下游资源整合方面发挥核心作用，通过建立完善的供应链体系，提升生产效率和产品质量。此外，龙头企业应注重技术创新，建立研发中心，开展持续的技术研发和创新，不断推出高附加值的新产品，增强市场竞争力。品牌建设也是关键，龙头企业应通过品牌塑造和市场推广，提升杜仲产品的知名度和市场占有率，建立强大的品牌影响力。通过这些监督与实施，能够全面提升陕西省杜仲产业的整体水平和市场竞争力。

四、山东省杜仲产业发展分析

1. 山东杜仲产业发展现状

（1）山东杜仲种植及分布情况。

山东省杜仲资源丰富，主要分布于高密市、青州市、潍坊市、临沂市、滨州市等区域。位于山东半岛潍河以东、高密市井沟镇呼家庄社区的大沙坞村，有一片种植面积达 600 亩的"大林杜仲园"，有 50 万棵杜仲树，被山东省林业科学研究院确定为"杜仲实验基地"。该杜仲园不仅仅是单纯的杜仲种植，还发展了杜仲茶的加工和林下经济，如养殖鸡鹅、赤松茸栽培以及金蝉养殖，这种复合种植模式提高了整体效益，助力当地乡村经济发展，实现了生态、经济双赢。

位于山东省青州市庙子镇的山东 BL 杜仲高效栽培与加工示范基地，采用"科技＋公司＋合作社"的模式，建成了一个占地 3000 亩的杜仲高效栽培示范园区。在该基地中，不仅建设了杜仲雄花茶和杜仲亚麻酸油的生产线，还通过现代科技手段和合作社的有效协作，大幅提升了杜仲的栽培效率和产品的加工质量，该模式结合了先进技术、企业管理和农民合作，形成了一个高效、可持续的杜仲生产和加工体系。2012 年 3 月，山东 BL 杜仲生物工程有限公司成立，公司主要专注于杜仲苗木新品种培育、种植、综合利用及杜仲橡胶提取与应用。2016 年，公司被评为山东省林业产业龙头企业，获得"第三届中国林业产业突出贡献奖"，是国家林业和草原局杜仲工程技术研究中心的共建单位及山东分中心（张喜斌，2017）。青州市将 BL 杜仲作为林业产业发展的主打品牌，实施产业化带动现代化战略。

（2）山东省杜仲资源培育情况。

山东省的多所科研机构和高校，如山东农业大学、山东林业科学院等，积极参与杜仲的良种研发工作。这些机构通过选育和培育高产、优质、抗病的杜仲新品种，提高了杜仲的产量和质量；通过分子育种、组织培养和基因工程等先进技术，科研人员成功培育出多种优良杜仲品种；这些品种在生长速度、抗病虫害能力和活性成分含量方面均优于传统品种。例如，高抗病虫害的杜仲新品种不仅减少了农药使用，还提高了种植的经济效益和环保效益。此外，山东省建立了多个杜仲育种实验基地（示范区）与各企业合作研发杜仲新产品。例如，山东 BL 杜仲生物工程有限公司、潍坊高密市 DL 杜仲园基地等。这些基地通过引进和试验不同杜仲品种，筛选出适合当地气候和土壤条件的优良品种，并推广应用到大面积种植中。2017 年，在高密市林业发展中心的协调下，DL 杜仲园引进了包括"华仲 5 号""华仲 8 号""华仲 10 号""彩叶杜仲"在内的 10 多个高产杜仲新品种，为山东杜仲产业的高质量发展奠定了基础，并提升了种植效益。

（3）山东省杜仲栽培模式。

山东省在杜仲栽培方面采用了复合式种植模式，这种模式不仅提高了土地利用率和经济效益，还具有显著的生态效益。复合式种植模式包括林药结合、林菌共养和林畜结合等方式。例如，在高密市的 DL 杜仲园，通过在杜仲林下种植赤松茸、养殖鸡鹅，形成了多层次的生态系统，这种模式充分利用了土地资源和废弃物，既增加了农民收入，又改善了生态环境。通过这种多样化的种植和养殖方式，山东省的杜仲产业得到了显著发展，推动了当地经济和生态的双重提升。此外，山东省杜仲种植大部分是采取传统的种植模式，农户在适宜的气候和土壤条件下，集中种植杜仲，并依靠手工或简单机械进行田间管理，这种模式注重杜仲的生长环境，如适当的光照、水分和土壤条件，以确保杜仲的良好生长。

（4）山东省杜仲产品研发情况。

杜仲茶是杜仲产品研发的重要方向之一。高密市的 DL 杜仲园率先开展了杜仲茶的研发工作，通过研究和炒制工艺的改进，该园区生产的杜仲茶不仅保持了杜仲的药用成分，还提高了产品的口感和市场竞争力。此外，杜仲橡胶的研发在山东省也取得了突破性进展。杜仲橡胶具有良好的弹性和耐磨性，被广泛应用于汽车轮胎、输送带等工业领域，通过引进先进的加工技术，提高了杜仲橡胶的生产效率和质量。杜仲提取物是从杜仲叶、树皮中提取的具有生物活性的成分，主要用于保健品和药品。山东省的多家企业和科研机构合作，成功开发出了多种杜仲提取物产品，如杜仲叶提取物、杜仲甾体皂苷等，这些产品在降血压、抗炎、抗氧化等方面具有显著效果。山东省还致力于开发杜仲功能性食品，如杜仲雄花茶、杜仲饼干和杜仲饮料等。这些产品不仅保留了杜仲的药用价值，还通过食品加工工艺提高了产品的口感和便捷性，受到市场的欢迎，通过这些研发工作的推进，山东省的杜仲产业逐步形成了从种植到加工，再到产品销售的完整产业链，不仅提高了杜仲产品的附加值，还增强了市场竞争力。

2. 山东省杜仲出口情况分析

（1）山东省杜仲出口数量情况分析。

根据中国海关统计数据，2015～2023 年山东省杜仲出口数量波动显著，具体如图 7 - 10 所示。2015 年山东省杜仲出口量仅为 0.624 吨，2016 年增加到了 1.382 吨，2017 年出现了显著增长，并达到了 9 年中的最高值，出口量为 57.7 吨。而 2018 年又骤降至 0.201 吨，降幅非常大，

2019 年开始出现了增长趋势，2019 年杜仲出口量增加到了 2.248 吨，2020 年增长到了 13.396 吨，2021 年出现了小幅下降，出口量为 11.182 吨，2022 年出口数量又增长到了 25.134 吨，2023 年又下降到了 11.883 吨。尽管出口数量波动较大，但整体上从 2015～2022 年有一个逐步增长的趋势，特别是 2020～2022 年，出口数量较为稳定并且有增长迹象。2017 年和 2018 年的极端出口数量可能是受到季节性或偶发性因素的影响。

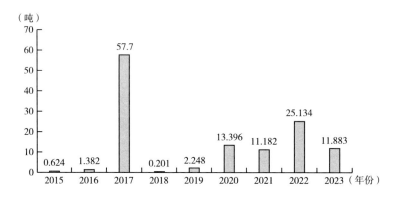

图 7－10　山东省 2015～2023 年杜仲出口数量

资料来源：中国海关。

（2）山东省杜仲出口金额情况分析。

根据中国海关统计数据，2015～2023 年山东省杜仲出口金额呈现波动变化趋势，具体如图 7－11 所示。2015 年山东省杜仲出口金额为 1.592 万元，2016 年增长到了 4.155 万元，2017 年出现了显著增长，并达到历史最高点，出口金额为 144.25 万元，2018 年又骤降至 0.550 万元，为九年中出口数量最小值。此后出现较小幅度的增长，2019 年增加到 6.199 万元，2020 年增加到了 20.841 万元，2021 年为 20.687 万元，到了 2022 年，出口金额增长到 58.259 万元。而 2023 年杜仲出口金额又出现了下降，但整体看，出口数量和出口金额显现出一定的增长趋势。出口数量和出口金额的波动表明，市场需求的不稳定性，可能同时受到了国际市场变化、政策调整和竞争情况等影响。另外，对比山东省出口数量和出口金额可以发现，山东省杜仲出口价格基本在 2 万元/吨上下浮动，相对比较稳定。山东省杜仲产品要想在国际市场上实现持续稳定增长，减少波动带来的不确定性，就需要持续改进产品质量，开发高附加值的杜仲衍生产品，以提高市场竞争力，提升市场份额和产品价值。

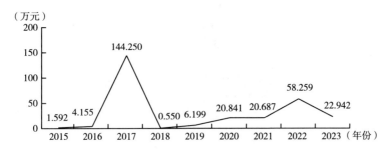

图 7 – 11　山东省 2015～2023 年杜仲出口金额

资料来源：中国海关。

（3）山东省杜仲出口地情况分析。

根据中国海关统计数据，新加坡、韩国、马来西亚、越南、美国、澳大利亚、日本，以及中国香港等是山东省杜仲主要出口地（见图 7 – 12），其中，综合来看，山东省杜仲出口数量九年总计最多的地区为中国香港，共计出口 91.865 吨，占到市场份额的 74%，其中 2017 年出口数量达到最高，为 57.7 吨，出口金额为 144.25 万元；其次是韩国，共计出口 14.37 吨；排在第三位的是新加坡，共计出口 8.272 吨，其中 2020 年出口到新加坡的数量为 0.822 吨，出口金额为 12.35 万元；出口到马来西亚市场的数量共计 4.574 吨，出口到越南的共计 2.15 吨，出口到美国的共计 1.128 吨，出口到日本的共计 0.634 吨，出口到中国澳门的共计 0.458 吨，出口到澳大利亚的共计 0.298 吨，出口到德国的最少，仅有 0.001 吨，出口金额为 0.002 万元。山东省杜仲产品在主要市场如中国香港、韩国、新加坡等地具备较强的竞争力，但同时也面临市场多样化不足的问题。未来需要通过深化主要市场，开拓次要市场，优化产品，提升品牌建设，争取政策支持以及加强供应链管理等措施，有效提升杜仲产品在国际市场上的竞争力和市场份额，实现可持续增长。

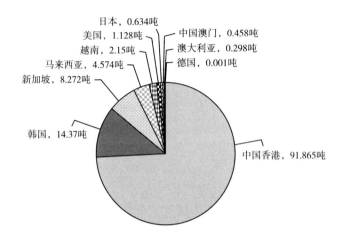

图 7 − 12　山东省 2015 ～ 2023 年杜仲主要出口地（按出口数量）

资料来源：中国海关。

3. 山东省杜仲发展市场前景分析

山东省杜仲产业的发展前景主要表现在技术创新、高效栽培、多样化产品研发和出口市场拓展等方面。首先，山东省在杜仲种植和加工技术上取得了显著进步，尤其是在良种选育和高效栽培模式上。山东 BL 杜仲高效栽培与加工示范基地和高密市 DL 杜仲园等示范区，通过"科技 + 公司 + 合作社"的模式，有效提升了杜仲的产量和质量。现代科技手段和先进的管理模式相结合，不仅提高了杜仲的栽培效率，还推动了产品加工质量的提升。这种高效、可持续的生产体系为杜仲产业的发展奠定了坚实的基础。此外，山东省的多所科研机构和高校，如山东农业大学和山东林业科学院，积极参与杜仲的良种研发工作，选育出高产、优质、抗病的杜仲新品种，提高了杜仲的经济效益和环保效益。

其次，山东省在杜仲产品研发方面也取得了长足的进展。杜仲茶作为重要的研发方向，通过改进炒制工艺，产品的药用成分得到了有效保留，且口感和市场竞争力显著提升。杜仲橡胶和提取物的研发也取得了突破性进展，杜仲橡胶的优良弹性和耐磨性使其广泛应用于工业领域。通过与多家科研机构的合作，山东省成功开发了多种高附加值的杜仲提取物和功能性食品，如杜仲雄花茶、杜仲饼干和杜仲饮料等。这些产品不仅保留了杜仲的药用价值，还通过食品加工工艺提高了产品的口感和便捷性，广受市场欢迎。

结合图 7-11 和图 7-12 可以看出，尽管 2018 年杜仲出口量经历了显著下滑，但自 2019 年以来，出口数量和金额呈现出逐步回升的趋势。2022 年，出口数量达到 25.13 吨，出口金额为 58.26 万元人民币。这表明山东省杜仲产品在国际市场上仍具有竞争力，并且随着市场需求的增长，杜仲产品在国际市场上还有很大的发展潜力。通过加强品牌建设和市场推广，进一步提升产品的国际知名度，山东省杜仲产业有望在国际市场上占据更大的份额。同时，政府的政策支持在杜仲产业的发展过程中起到了重要作用，尤其是在示范基地建设和新技术推广方面提供了政策和资金支持。

4. 山东省杜仲产业发展存在的问题

（1）杜仲资源分布不均衡。

杜仲资源在山东省内分布不均衡，这种不均衡的分布导致了资源开发和利用的区域性限制，使得资源丰富的地区面临过度开发的风险，而资源贫乏地区则难以形成规模化种植和产业化发展。资源丰富的地区由于过度开发，容易导致土壤退化、病虫害频发等问题，影响长期生产力和生态环境。而在资源贫乏的地区，由于缺乏足够的杜仲种植资源，难以形成有效的种植规模和产业链，限制了当地杜仲产业的发展潜力。此外，资源分布的不均衡还影响了技术推广和管理的效率，集中资源区域的技术推广容易集中，但分布广泛的区域则难以实现全面覆盖，进一步加剧了资源利用的不平衡。此外，杜仲资源的管理和保护缺乏科学性，主要依靠传统经验，导致资源利用率低下。例如，病虫害防治和土壤管理技术的不足，降低了杜仲林地的生产力和健康状况。资源管理和保护机制不健全，部分种植区存在资源过度开发和环境破坏的问题。

（2）杜仲种植与加工技术相对落后。

部分地区的杜仲种植仍然采用传统的种植方式，缺乏现代化的种植技术和管理手段，导致生产效率低下。传统种植方式依赖经验，缺乏系统的科学指导，在病虫害防治、土壤管理和水肥管理等关键环节上存在明显不足。例如，病虫害防治主要依靠化学农药，而现代农业更强调绿色防控技术，如生物防治和物理防治。此外，土壤管理和水肥管理的技术应用不够，未能充分利用土壤资源和优化水肥配比，影响了杜仲的生长和产量。此外，杜仲的加工技术相对落后，特别是在杜仲橡胶和杜仲茶等高附加值产品的加工方面，技术水平和设备都需要提升，现有的加工设备和技术无法充分提取杜仲中的有效成分，导致产品质量不高，市场竞争力不足。例如，杜仲橡胶的生产工艺复杂，需要高精度的设备和技术，但目前很多企业的加工设备陈旧，技术水平有限，导致产品质量不稳定，难以满足市场需求。

（3）杜仲产品市场开拓不足。

一方面，山东省杜仲产品的市场推广和品牌建设力度不足，导致产品的市场认知度较低，许多杜仲产品仍以初级产品形式销售，缺乏高端品牌和知名度，难以在市场上形成竞争优势。例如，杜仲茶、杜仲橡胶等高附加值产品在市场上知名度不高，消费者对其认知有限，影响了产品的销售和市场份额。品牌建设的缺乏导致杜仲产品难以获得高溢价，限制了市场扩展和销售增长。另一方面，杜仲产品的销售渠道不够多样化，主要依赖传统的农产品市场，缺乏电商平台和国际市场的拓展。传统市场渠道的局限性使得杜仲产品难以覆盖更广泛的消费者群体和区域市场，市场规模和潜力未能充分发挥。此外，杜仲产品在电商平台上的存在感较弱，缺乏线上销售渠道和营销推广，使得潜在消费者难以便捷地购买到杜仲产品。国际市场的拓展也不足，杜仲产品的出口比例低，未能充分利用国际市场的巨大需求和机会。

5. 山东省杜仲产业未来发展建议

（1）加强杜仲资源管理与均衡利用。

首先，对山东省杜仲资源进行调查，掌握资源的分布、数量和质量情况。通过精确的数据和详细的分析，为科学管理提供依据，确保资源开发和利用的决策更加精准和有效。政府应鼓励资源贫乏地区通过引种和技术支持形成规模化种植，减少资源集中地区的过度开发。通过政策引导和资金支持，推动资源贫乏地区的杜仲种植，促进资源分布的均衡化，避免单一地区资源的过度负担和生态环境的破坏。引入现代化管理手段和技术，特别是在病虫害防治和土壤管理方面，提升资源利用率；推广绿色防控技术，如生物防治和物理防治，减少对化学农药的依赖，保护生态环境；加强土壤管理，通过科学施肥和水土保持措施，维持土壤的肥力和健康状况，防止杜仲资源的过度开发和环境破坏，确保杜仲产业的可持续发展。

（2）提升杜仲种植与加工技术。

政府和科研机构应加强对农户和企业的技术培训，推广现代农业技术，如生物防治、物理防治和水肥一体化管理，提升种植效率和质量；通过举办培训班和现场示范等方式，提高农民和企业对现代种植技术的理解和应用能力。例如，通过推广生物防治技术，可以减少对化学农药的依赖，保护环境的同时提高杜仲的产量和质量。增加科研资金投入，支持科研机构和企业开展杜仲种植和加工技术的创新研究，技术创新将有助于提高杜仲产品的市场竞争力和附加值。例如，引进高精度的加工设备和先进的加工工艺，提高杜仲橡胶的纯度和弹性，增强杜仲茶的口感和药用成分含量。在杜仲资源丰富地区建立现代化种植和加工示范基地，通过示范带动周边地区的发展，推广先进技术和管理经验。例如，高密市的 DL 杜仲园已成为现代化示范基地，通过展示先进的种植技术和加工设备，带动了周边农户和企业的技术升级和效益提升，这些示范基地不仅展示了先进技术的应用效果，还提供了技术培训和咨询服务，帮助更多农户和企业掌握现代化的种植和加工技术。

（3）强化杜仲产品市场推广与品牌建设。

通过广告宣传、参与展会和社交媒体营销等多种方式，加大杜仲产品的品牌推广力度，打造高端品牌，提升市场认知度和产品附加值。例如，通过电视广告、网络视频、社交媒体平台等进行品牌宣传，使更多消费者了解和认可杜仲产品的优点和价值。加大杜仲产品在电商平台上的布局，建立多渠道销售体系，利用电商平台的优势扩大市场覆盖面。通过在主流电商平台（如淘宝、京东、拼多多）开设旗舰店和专卖店，增加产品的线上销售渠道。推动杜仲产品进入国际市场，利用国际展会和跨境电商平台（如阿里巴巴国际站、亚马逊全球开店），提高出口比例，拓展海外市场。通过线上线下相结合的营销策略，增强杜仲产品的市场影响力和加大销售量。在线上，通过社交媒体、直播带货、网络广告等方式进行推广，不仅能扩大市场覆盖范围，还能提升销售效率和顾客满意度；在线下，通过实体店体验、促销活动等方式吸引顾客，增强消费者对杜仲产品的信任和黏性。

五、贵州省杜仲产业发展分析

1. 贵州省杜仲产业发展现状

（1）贵州省杜仲种植及分布情况。

贵州省是我国杜仲中心产区之一，全省各地都有不同程度的分布和栽培（张瑞筠和黄东兵，2013），主要分布在贵州省遵义市正安县、湄潭县、红花岗区、遵义县，贵阳市花溪区、清镇市、息烽县，黔东南州黎平县、施秉县，六盘水市水城县，毕节七星关区、大方县、黔西县、赫章县等地。截至 2013 年底，贵州省杜仲种植和野生保护抚育总面积达3.65 万公顷，约占全国杜仲总面积的 10.3%，其中，杜仲种植面积最大的遵义市达 3.33 万公顷，占全省杜仲种植面积的 91.2%；其次是毕节市，杜仲种植达到 0.15 万公顷，占全省杜仲种植面积的 4.2%。然而，根据贵州省 2017 年第四次森林资源普查数据显示，全省种植的杜仲仅有3396.78 公顷，贵州杜仲种植面积仅 10 年时间减少了 90% 多。面积较大的依次为遵义地区（2020.91 公顷）、六盘水地区（359.93 公顷）、毕节地区（270.62 公顷）、贵阳地区（190.06 公顷）、安顺地区（166.03 公顷）（钱长江，2022）。

遵义是全国杜仲主要产区之一，其杜仲因量大质优而闻名全国，2001 年原国家林业局授予遵义县"中国杜仲之乡"称号。2016 年 11 月，国家质检总局批准"遵义杜仲"作为地理标志产品。2017 年 5 月，原国家林业局等 11 部委联合发布《林业产业发展"十三五"规划》，将"杜仲产业发展工程"列为全国林业产业重点工程（李耿等，2021）。贵州省政府发布了《关于加快林下经济发展的实施意见》，将林下经济纳入《森林法》，并于 2020 年 7 月 1 日生效。遵义杜仲林场和贵州大学早在之前就开展了杜仲营林技术的研究，特别是在种苗繁育、栽培和杜仲皮环剥再生方面进行了深入探索，重点提高杜仲皮和叶的产量与质量（张瑞筠和黄东兵，2013）。2023 年贵州大学生命科学学院遵义杜仲产业示范园在遵义市新蒲新区虾子镇明星村进行揭牌，实现校企合作、产教融合，推动贵州杜仲产业的科技创新和高质量发展。

（2）贵州省杜仲资源培育情况。

贵州省具有适合杜仲生长的气候和土壤条件，遵义市、安顺市、毕节市等地区的气候条件适合杜仲的生长，土壤肥沃，雨量充沛，日照充足，为杜仲的大规模种植提供了良好的自然条件。贵州省委、省政府高度重视杜仲的研发与利用，先后引进华仲 1 号、2 号等无性系杜仲新品种，支持和引导相关单位对杜仲进行优势选择（陈宁等，2015），以及省内的农业科研机构和高校积极参与杜仲种植技术的研发，包括杜仲的良种选育、栽培管理、病虫害防治等方面，以便其能充分发掘杜仲的药用价值、工业价值、食用价值等。

近年来，随着中药材产业的快速发展和杜仲市场的走俏，杜仲已成为一种紧缺药材，但传统的伐木剥皮方法不仅产量低，还导致了严重的资源浪费和破坏。为了应对这一问题，贵州省在杜仲种子种苗技术、优良种源筛选、繁殖方法以及树皮环剥再生技术等方面进行了广泛研究。这些研究成果显著提高了杜仲的产量，并为其资源的可持续发展奠定了坚实基础（陈宁等，2015）。例如，通过对杜仲种子和种苗技术的改进，提高了种苗的生长速度和成活率。优良种源的筛选则确保了高产优质的杜仲品种得到推广和应用。此外，树皮环剥再生技术的应用不仅减少了对树木的伤害，还提高了树皮的再生能力和利用效率。这些技术改进和创新，不仅满足了市场对杜仲的需求，减少对自然资源的破坏，同时还推动了杜仲产业的绿色可持续发展，并有效地提升了杜仲的种植效益和经济价值。

（3）贵州省杜仲产品开发情况。

贵州气候宜人，资源丰富，是全国四大中药材产区之一，被誉为"天然药库"，药材品质优良，是道地中药材大省。根据《贵州省第四次中药资源普查工作进展（2019）》记载，全省 88 个县（市、区）已开展中药资源普查，统计的 33 个试点县（市、区）中查明贵州有 265 科、1432 属、5304 种药用资源。许多药材资源珍稀名贵，如杜仲、天麻等在历史上曾被列为贡品。杜仲作为全国有名的中药材，其药用价值可谓相当丰富，研究发现，杜仲具有补肾强腰、强健筋骨、降压降脂、利尿排毒、安胎、延缓衰老、调节内分泌等功效。据不完全统计，目前全国有100 多家厂家生产杜仲制剂，共计 312 个品种，涵盖颗粒、胶囊、片剂、丸剂、酒剂、外用膏剂等多种剂型（陈宁等，2015）。在贵州省，以杜仲为基础的医药企业超过20家，生产的成方制剂有30个，市场份额较为稳定。规模较大的企业包括贵州SJT制药有限公司、贵州SQ制药有限公司、贵州TF药业有限公司、贵州MW药业有限责任公司、贵州BH医药股份有限公司、贵州SRT药业有限公司、SHTA药业（贵州）股份有限公司和贵州DCX医药股份有限公司（张瑞筠和黄东兵，2013）。这些企业通过不断的研发和生产，丰富了杜仲制剂的种类，满足了市场需求，并推动了贵州杜仲产业和地方经济的发展。

贵州省杜仲产品除了杜仲药被广泛开发利用外，还生产了杜仲茶、杜仲酒、杜仲面、杜仲冲剂、杜仲口服液等多种食用与保健产品，但品种比较少，其生产规模小、销量也较低。当然，各高校也在积极研发杜仲的产胶技术，加大杜仲胶的提取。2020年12月，由贵州省植物生理与植物分子生物学学会主办、贵州大学农业生物工程研究院承办，"第二届贵州省杜仲产业发展高端论坛暨第一届植物生物学青年学术论坛"成功举办（艾安涛，2022），探讨了杜仲的高价值发展路径，论坛主要提出杜仲胶及药用成分的绿色提取技术、杜仲胶及其复合材料、杜仲胶产业开发及综合利用等多项前沿技术研究成果。此次论坛汇聚了来自全省16所高校、科研院所及企业的120多名代表，为贵州杜仲行业的从业人员提供了交流平台。2023年贵州大学生命科学学院王旭初团队启动中国橡胶树杜仲种质资源收集和多组学研究计划。依托贵州大学组建中国杜仲产业研究院和产业示范园，研发杜仲和橡胶草相关衍生产品，并进行推广示范。

2. 贵州省杜仲出口情况分析

（1）贵州省杜仲出口数量情况分析。

根据中国海关统计数据，贵州省2015~2023年杜仲出口数量出现显著的先上升后下降的趋势，具体如图7-13所示。贵州省杜仲出口数量可以分为两个时期，2015～2017 年属于快速增长期，贵州省杜仲产品出口量在 2015～2017 年快速增长，尤其是 2016 年和 2017 年表现出显著增长，从 2015 年的 1.379 吨增长至 2016 年的 32.06 吨，2017 年继续增长到37.503 吨，显示了市场需求的快速上升。2018～2023 年属于震荡下降期，2018 年贵州省杜仲出口数量出现了明显波动和逐渐下降趋势，2018 年下降到了 14.332 吨，2019 年继续下降，下降到了 10.718 吨，尤其是到了2022 年，贵州省杜仲出口量骤降至 0.02 吨，2023 年出口数量虽有所回升，但回升幅度较小。杜仲出口数量的显著变化，可能是由于市场阶段性饱和或需求的暂时变化导致的，同时也会受到政策变化、贸易摩擦、新冠疫情等外部因素的影响，导致出口量的大幅波动，再加上来自其他杜仲产地的竞争和产品质量问题也可能影响杜仲的出口数量。

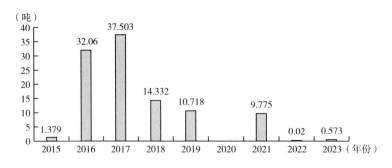

图 7 - 13　贵州省 2015～2023 年杜仲出口数量

资料来源：中国海关。

（2）贵州省杜仲出口金额情况分析。

根据中国海关统计数据（见图 7 - 14），2015～2023 年贵州省杜仲出口金额呈波动变化趋势，也可以分为两个阶段，第一阶段是 2015～2016年的快速增长期，2015 年的出口金额为 5.439 万元，2016 年激增至141.412 万元，表明该年出口量和产品价值均有显著提升。第二个阶段是波动下降期，2017 年后，贵州省杜仲出口金额出现波动，整体呈现下降趋势。2017 年的出口金额为 120.780 万元，比 2016 年下降了 20% 左右。

2018 年大幅下降，下降到了 35. 202 万元，2019 年小幅增长到 50. 874 万元，2020 年又下降到了 35. 803 万元，2022 年出现了显著下降，下降到了 2. 466 万元，2023 年有所回升，增至 14. 467 万元。

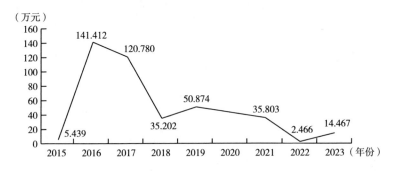

图 7 - 14　贵州省 2015 ~ 2023 年杜仲出口金额

资料来源：中国海关。

结合出口数量和出口金额来看，2016 年、2017 年的出口数量和出口金额均达到较高值，表明这两年间市场需求旺盛，产品质量及价格均有一定的优势。2018 年开始，出口数量和出口金额均有明显下降，这可能由于市场需求变化、竞争加剧或产品质量问题。2022 年的出口量和出口金额均降至最低，表明这一年市场可能受到了贸易政策变化、疫情等外部因素的重大影响，2023 年出口金额和出口数量有所回升，表明市场有恢复迹象，但仍需采取措施确保持续增长。未来贵州省要抓住市场机会，不断开发和优化产品，提高产品质量和附加值，进一步恢复和提升其在国际市场的份额，实现可持续增长和发展。

（3）贵州省杜仲主要出口地情况分析。

根据中国海关数据，贵州省杜仲出口地主要为中国香港、中国台湾，以及日本、马来西亚、新加坡、加拿大、泰国等地，具体如图 7 - 15 所示。这九年来，贵州省出口到中国香港的杜仲数量最多，总计 67. 809 吨，占到整个出口量的 64%，其中最高的数量为 2016 年，出口了 31. 36 吨，出口金额达到 139. 13 万元；排在第二位的是日本，总计出口数量为

17.625 吨，其中 2021 年出口到日本的数量为 9.775 吨，出口金额为 35.8 万元；排在第三位的是马来西亚，九年总计出口到马来西亚的杜仲数量为 7.036 吨，其中 2017 年出口到马来西亚 5.007 吨，出口金额达到 10.72 万元；出口到新加坡的杜仲数量总共有 5.365 吨，出口到加拿大的数量为 3.992 吨，出口到泰国的杜仲数量为 1.423 吨。因此，未来贵州省需要针对中国香港和日本市场进一步强化市场份额，通过市场调研和客户关系管理，深入了解当地需求和市场动态，进行有针对性的营销和推广。对于其他出口量较小的地区，要优化市场策略，不断增加市场推广力度，通过参加当地展会和举办推广活动，提升品牌在这些市场的知名度和接受度，逐步提升在这些地区的市场份额和品牌影响力。

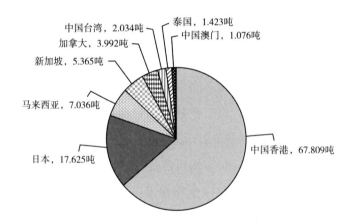

图 7 – 15　贵州省 2015 ~ 2023 年杜仲主要出口地（按出口数量）

资料来源：中国海关。

3. 贵州省杜仲市场发展分析

贵州省杜仲产业的发展前景广阔，主要体现在政策支持、技术创新和市场需求的不断增长等方面。首先，贵州省政府高度重视杜仲产业的发展，出台了一系列支持政策和措施。例如，《林业发展"十三五"规划》将杜仲产业列为全国林业产业重点建设工程，《关于加快林下经济发展的实施意见》将杜仲纳入重点扶持对象。这些政策不仅为杜仲产业的发展提供了政策保障和资金支持，还推动了产业规模化、标准化和现代化的发展进程。同时，遵义杜仲作为地理标志产品，得到了国家的认可和保护，为杜仲产品的市场推广和品牌建设提供了有力支持。未来，随着政策的持续推进，贵州杜仲产业将在技术研发、市场开拓和品牌建设等方面取得更大的突破和进展。

其次，贵州省在杜仲种植和加工技术上取得了显著进步，为产业的可持续发展奠定了坚实基础。近年来，贵州省积极引进和培育优质杜仲品种，如华仲 1 号、2 号等无性系杜仲新品种，提高了杜仲的产量和质量。同时，贵州省在杜仲种子种苗技术、优良种源筛选、繁殖方法以及树皮环剥再生技术等方面进行了广泛研究（陈宁等，2015），这些技术改进显著提高了杜仲的生产效率和资源利用率。此外，贵州省多所高校和科研机构积极参与杜仲种植技术的研发和推广，推动了杜仲种植的科学化和规范化。例如，贵州大学生命科学学院与地方企业合作，推动杜仲产业示范园的建设，促进了产学研结合和技术成果的转化。这些技术进步不仅满足了市场对杜仲产品的需求，还推动了杜仲产业的绿色可持续发展，提升了杜仲的经济价值和市场竞争力。

最后，贵州省杜仲产品的市场需求不断增长，特别是在国内外市场的开拓方面取得了显著进展。杜仲作为一种重要的中药材，其药用价值得到了广泛认可，市场需求稳步增长。近年来，贵州省在杜仲产品研发方面取得了诸多成果，开发出了杜仲茶、杜仲酒、杜仲面、杜仲冲剂、杜仲口服液等多种食用与保健产品，这些产品不仅丰富了杜仲的市场种类，还提高了产品的附加值和市场竞争力。然而，贵州杜仲出口在 2017 年达到高峰后出现下降，但从 2022 年开始出口数量和金额又有回升趋势，显示出国际市场对杜仲产品的需求潜力依然存在。通过加强市场推广和品牌建设，进一步提升杜仲产品的国际知名度和市场占有率，贵州杜仲产业有望在未来实现更大的发展。因此，贵州省杜仲产业在政策支持、技术进步和市场需求的推动下，具有良好的发展前景，未来将继续朝着高质量、可持续的方向迈进。

4. 贵州省杜仲产业发展存在的问题

（1）杜仲种植规模小，缺乏规范化管理。

贵州杜仲产业面临种植分散、规模小和缺乏规范化管理的问题，导致资源利用效率低下和生产成本高昂。杜仲种植主要分布在遵义市、贵阳市、安顺市和毕节市等多个市县，这种分散的种植模式限制了资源的集中利用和规模效应的形成，增加了管理难度和成本。大多数杜仲种植户以家庭为单位进行小规模种植，缺乏统一的种植标准和技术规范。这种传统的生产方式不仅限制了杜仲的产量提升，还影响了现代农业技术的推广和应用，导致整体生产效率低下和产品质量不稳定，进而削弱了市场竞争力。此外，缺乏规范化的管理和技术指导，使得杜仲的生长状况和产品质量参差不齐，难以在市场上建立起良好的信誉和品牌影响力。

（2）杜仲产品开发不足，科技支撑不够。

贵州杜仲产业的产品开发主要集中在初级产品，缺乏高附加值的深加工产品。大多数企业仍以杜仲原料或简单加工产品为主，缺乏多样化和高价值的杜仲产品，难以满足市场需求。与此同时，杜仲产业的发展依赖于先进的技术支持，但目前贵州在这方面的投入和成果都不足。科研机构、企业和高校在杜仲品种改良、栽培技术优化和病虫害防治等方面的研究深度和广度不够，导致技术进步缓慢，产品质量提升乏力。此外，科研成果转化率低，企业和科研机构之间的合作不紧密，科技创新和应用效果不理想。高水平的科研人才和技术团队匮乏，加之企业在技术改造和设备升级方面面临资金压力，制约了杜仲产业的技术创新能力。

（3）杜仲产业发展各层次人才短缺。

杜仲产业的发展需要大量专业技术人才和管理人才，但贵州在这方面的人才储备相对不足，导致产业在技术研发、生产管理和市场拓展等方面遇到瓶颈。杜仲的种植、管理和技术培育都需要新兴技能人才的加入，以促进杜仲产业朝更好的方向发展。目前，贵州杜仲方面的技术专家还比较少，难以提供科学的种植指导，确保杜仲品种的优良和产量的提升。同时，管理人才的匮乏使得企业在生产管理和市场拓展方面面临困难，无法科学规划种植布局、优化资源配置或制定有效的市场营销策略。此外，科研人才的不足限制了杜仲品种改良、栽培技术优化和病虫害防治等方面的技术突破，导致技术进步缓慢，产品创新能力不足。

5. 贵州省杜仲产业未来发展建议

首先，根据贵州实际种植情况，为了有效解决种植分散和规模小的问题，需要通过政策引导和资金支持，推动杜仲种植户进行合作化、规模化种植，形成集中连片的种植基地，从而提高资源利用效率和生产效益。政府可以提供种植补贴和技术支持，帮助农户扩大种植规模。同时，制定和推广杜仲种植的统一标准和技术规范，确保杜仲的高质量生产。在各主要杜仲种植区域建立示范基地，通过示范带动，推广先进的种植技术和管理经验，提供培训和技术指导，提升农户的种植管理水平。

其次，提升产品开发水平和科技支撑力度，政府和企业应加大对杜仲的科研资金投入，支持科研机构和企业开展杜仲品种选育、栽培技术优化和病虫害防治等方面的研究，提升杜仲产业的科技水平。鼓励企业开发多样化的杜仲产品，特别是高附加值的深加工产品，如杜仲保健品、化妆品和功能性食品等，通过产品创新，提高杜仲产品的市场竞争力和附加值。建立杜仲产业技术创新平台，汇集科研机构、企业和政府的力量，共同攻关关键技术难题，提升整个产业的技术水平和创新能力。

最后，针对各层次人才短缺的问题，需要加强人才培养和引进。与高校和科研机构合作，设立专项科研基金，吸引和培养杜仲相关领域的高素质科研人才；通过职业培训和继续教育，提升现有管理人员的专业素质，同时引进外部高层次管理人才。制定优惠政策，吸引外部人才到贵州发展杜仲产业，如提供住房、补贴和科研资金等。加强与其他地区和国家的合作与交流，学习和引进先进的技术和管理经验，提升本地人才的整体水平。推动产学研结合，通过实际项目的合作和研究，提升科研和技术水平，培养实践型人才。

第八章

促进我国杜仲产业持续发展的对策

一、加强统筹协调和顶层设计

第一，需要将杜仲产业纳入国家和地方的关键产业政策，提供财政补贴、税收优惠、科研资助等多种形式的支持。与《全国杜仲产业发展规划（2016～2030年）》对接，制定相应的实施细则，确保政策执行有力。同时成立由政府、科研机构、企业和行业协会组成的杜仲产业发展领导小组，负责统筹规划和协调落实。

第二，因地制宜，合理布局。需要根据土壤、水资源和气候条件，合理布局杜仲种植区域，确保资源的最优配置。在条件优质地区实施集约化经营，提高土地利用率和产出。在条件较差的宜林地，采用生态种植模式，兼顾生态保护。

第三，分类指导，试点示范。需要根据不同地区的实际情况，进行分类指导，针对性地提供技术支持和管理方案。选择条件最优、发展潜力最大的区域作为试点，进行先行示范，在试点成功的基础上，逐步扩展到其他适宜区域，实现点面结合的协调推广。重点布局和扶持一批杜仲资源基地县，强化基础设施建设，形成区域性的杜仲产业集群，在重点试点地区率先实现突破，形成示范效应，通过成功案例推广产业发展经验。

第四，提高产品附加值和市场认知度。加强杜仲品牌运营，打造知名杜仲产业品牌，提高产品附加值。同时结合杜仲的历史、文化和健康价值，开展多层次、多渠道的文化宣传，如通过媒体、科普讲座、公益活动等多种形式，普及杜仲产品的用途、优异特性及其医疗、营养保健知识，通过这些宣传活动，提高消费者对杜仲健康产品的认知度和认可度，增加市场需求，促进产业消费。

二、加快构建杜仲现代产业体系

产业体系是介于微观经济与宏观经济之间的概念，是在社会分工的基础上，各个经济主体所形成的产业结构及其为社会提供产品或服务的方式。在传统产业结构的基础上，产业体系是用系统性思维关注产业结构各部分关系与整体行为绩效的专业名词（姚小林，2022）。现代产业体系是中国语境下的动态概念，对应我国产业体系演化的两个不同阶段，其与传统产业体系最大的区别在于既有资源禀赋带来的路径依赖，更强调专业化分工与科技创新所带来的动态比较优势（芮明杰，2018），其本质是建立在产业联动基础上的产业网络系统（刘钊，2011）。按照党的十九大提出的产业体系总体目标要求以及党的二十大提出的建设现代化产业体系的具体要求（姚小林，2022），现代杜仲产业体系是在杜仲资源全面整合与利用过程中，以产业高质量发展为目标指引，由关联效应较强的各种杜仲产品（杜仲橡胶、杜仲中药、杜仲日化品、杜仲食品、杜仲饲料等）的种植、生产、经营、市场、科技、物流、信息等实体经济主体，通过必要的利益连接机制所形成的有机整体，在政府功能性引导政策的助力下，以现代科技创新为内生驱动力，使专业化分工有序、协同有力，基于新技术与新阶段优势基础上的一种动态演进产业体系类型（姚小林，2022）。其构建的主要标准在于牢牢把握高质量发展的根本目标与要求，体现链条完整高级、创新引领、要素协同、竞争力强的发展定位（盛朝讯，2019）。现代杜仲产业体系由优质储备体系、综合开发体系、现代流通体系和科技支撑体系构成。现代杜仲产业体系构建必须要从我国杜仲产业体系的发展现状出发，立足实际，实事求是，遵循现代杜仲产业体系的发展内涵和运行机理，构建链条完整、创新引领、要素协同、竞争力强的杜仲现代产业体系。

杜仲现代产业体系的主要特征包括以下四个方面：一是在发展方式上从追求数量向追求质量转变；二是在发展动力上从依靠要素投入向科技创新驱动转变；三是在发展模式上从传统模式向现代集聚循环模式转变；四是在结构特征上体现融合性，在空间特征上体现集聚性。构建现代杜仲产业体系的发展目标，是通过开展优化杜仲品种品质结构和区域布局，构建高效流通体系，推动杜仲产业链现代化、供应链高效化、价值链高级化，建立与高质量发展相适应的安全、健康、可持续的产业发展模式，其核心是增强杜仲产业治理能力和治理效能（张淑娟和李腾飞，2022）。构建的杜仲现代产业体系框架如图 8-1 所示。

三、加强杜仲科技创新及技术推广体系建设

第一，加强协同创新平台构建。依托现有的国家林业和草原局杜仲工程技术研究中心，扩大和继续深化杜仲产业技术创新平台建设（杜红岩和杜庆鑫，2020）。建立杜仲产业技术创新战略联盟，汇集高校、科研机构、企业和政府等多方资源，增强协同创新能力。设立杜仲协同创新中心，推动多学科合作和跨领域杜仲多层次综合利用技术攻关，形成创

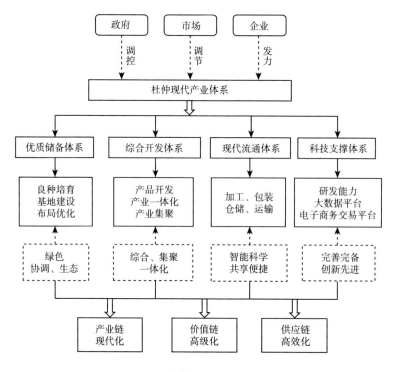

图 8 - 1　杜仲现代产业体系框架

新合力。

第二，加强研发杜仲产业关键技术和核心装备。积极开展杜仲良种选育和种质资源优化（杜红岩和杜庆鑫，2020），提升杜仲的产量、质量和抗逆性。进一步研究和推广果园化栽培等高效栽培模式，提高产果量、产胶量和综合效益。深入研发杜仲加工及综合利用关键技术，提高多种功能性成分的提取和利用效率。加大对杜仲资源培育和加工技术装备的研发力度（杜红岩和杜庆鑫，2020），提高机械化和自动化水平，降低劳动成本和提高生产效率。

第三，加快杜仲产业科技成果的转化与推广。建立各级各类杜仲产业科技示范园区，作为先进技术和管理模式的展示和推广平台。完善科技应用激励机制，鼓励科研人员和企业将科技成果转化为实际生产力，通过这些措施加快杜仲产业科技成果的转化。另外，通过成立省级杜仲技术推广服务中心，市、县级组建技术推广服务队，提供全方位的技术支持和服务。不断加强杜仲实用技术培训，推广新品种、新技术、新方法和新工艺（杜红岩和杜庆鑫，2020），提升从业者的技术水平，提高杜仲产业科技成果推广的速度和力度。

第四，加强杜仲产业标准化建设。积极参与或主导制定杜仲资源培育、良种繁育、生产加工、综合利用及产品的标准体系（杜红岩和杜庆鑫，2020），形成统一的规范。加快杜仲产业认证进程，制定和推广杜仲生产与加工的各项认证标准，提升产品质量和市场信誉。同时建立严格的市场监管标准，如为了防止不合格产品进入市场，保障消费者权益，必须建立市场监管退出标准。为了从源头到终端确保杜仲产品质量稳定和安全，必须制定和实施全流程质量控制体系。通过以上措施全面提升杜仲产业的科技创新能力和市场竞争力。

四、构建多层次、多方面的杜仲产业发展政策支持体系

为了促进杜仲产业的全面发展，需要从资金、财税、储备林、人才和品牌等多个方面对杜仲产业进行政策支持。

第一，加大资金支持力度。通过设立专门的杜仲产业基金对产业链各环节进行投资，支持杜仲橡胶、杜仲籽油和杜仲生物活性物质的研究与开发（杜红岩和杜庆鑫，2020）。设立专项基金促进杜仲及其他战略性新兴产业的发展。设立杜仲综合利用科技专项，重点支持科研机构和企业在杜仲综合利用领域的创新研究。

第二，加大财税政策支持力度。对杜仲产业的基础设施建设（杜红岩和杜庆鑫，2020），如育种基地、加工工厂、物流网络等给予财政支

持。对科技研发投入进行融资、贴息或直接财政拨款，鼓励杜仲技术创新。将杜仲良种纳入天然橡胶良种补贴范畴，提供专项补贴。对杜仲橡胶生产及应用开发、杜仲中药和保健品、杜仲功能食品、综合加工利用、绿色养殖等产业链环节给予财政补贴和税收优惠（杜红岩和杜庆鑫，2020）。对参与杜仲产业链项目的企业提供贷款贴息，大幅降低其财务成本。

第三，加大对杜仲国家储备林的支持力度。将杜仲作为国家储备林优选树种（杜红岩和杜庆鑫，2020），给予相应的政策支持和财政补助。继续将杜仲纳入国家储备林树种目录，确保其在国家林业战略中的重要地位。

第四，加大人才支持力度。深化产教结合，鼓励高校和科研机构与杜仲企业合作，共同培养杜仲产业技术人才。组织专项技能培训，提升从业者的专业技能和创新能力。建立健全杜仲高层次人才及团队引进和培养的政策机制（杜红岩和杜庆鑫，2020），提供引进人才的专项补贴和科研支持。制定激励政策，吸引国内外优秀人才和团队从事杜仲产业研究与开发。

第五，加强对品牌建设的支持力度。通过对杜仲品牌的建设，可以提升杜仲产品附加值。因此，政府需要通过财政补贴、税收优惠等政策支持企业进行品牌建设和推广。政府要支持企业打造自主品牌，开展品牌宣传和市场推广活动，提高品牌的市场知名度和美誉度。资助企业进行市场研究，了解国内外市场需求，制定有效的市场开拓策略。帮助企业建立信用体系与诚信制度，以维护良好的市场秩序。

通过全方位的政策支持，可以有效助推杜仲产业的发展。资金投入、财税优惠、储备林政策、人才发展和品牌建设的综合支持，有助于提升杜仲产业的科技创新能力和市场竞争力，促进该产业的可持续和高质量发展。各地方政府和相关部门应共同协作，形成合力，确保政策措施落实到位，全面推动杜仲产业的发展。

参 考 文 献

[1] 艾安涛. 茶树 CsS40 转录因子的功能分析 [D]. 贵阳：贵州大学，2022.

[2] "包容性绿色增长的理论与实践研究"课题组. 华北地区包容性营商环境构建研究 [J]. 沈阳工业大学学报（社会科学版），2022（4）：289 – 300.

[3] 晁念文. 宁陵县酥梨产业发展评价与对策研究 [D]. 郑州：河南财经政法大学，2022.

[4] 陈宁，孙兴，宋雪，等. 贵州道地药材杜仲产业发展现状、存在问题与建议 [J]. 耕作与栽培，2015（1）：33 – 34，51.

[5] 陈玮，王华芳. 三门峡市杜仲特色产业的发展现状与对策 [J]. 农村·农业·农民（B 版），2021（10）：20 – 23.

[6] 陈毅烽. 慈利县杜仲资源调查与优树选择 [D]. 长沙：中南林业科技大学，2016.

[7] 程智，问亚琴，王瑞丽，等. 浅谈我国杜仲产品开发利用现状 [J]. 现代化农业，2021（6）：33 – 36.

[8] 褚福堂，刘丽丹，金臻岚. 扩大铜仁市杜仲种植，实现食用菌持续发展 [J]. 农技服务，2019（8）：89 – 91.

[9] 狄金华. 被困的治理 [D]. 武汉：华中科技大学，2011.

[10] 董丽. 数字经济驱动制造业产业链韧性提升研究 [D]. 长春：吉林大学，2023.

[11] 杜红岩，杜庆鑫. 我国杜仲产业高质量发展的基础、问题与对

策 [J]．经济林研究，2020，38（1）：1－10．

[12] 杜红岩．杜仲含胶特性及其变异规律与无性系选择的研究 [D]．长沙：中南林业科技大学，2003．

[13] 杜红岩，胡文臻，刘攀峰，等．我国杜仲产业升级关键瓶颈问题思考 [J]．经济林研究，2016（1）：176－180．

[14] 杜红岩，胡文臻，王璐，等．河南省杜仲橡胶资源产业发展现状及对策 [J]．经济林研究，2015（4）：157－162．

[15] 杜红岩．我国杜仲胶资源及其开发潜力与产业发展思路 [J]．经济林研究，2010（3）：1－6．

[16] 杜仲产业研究课题组．杜仲生物产业发展现状与前景 [J]．中国林业产业，2022（11）：18－47．

[17] 段明房，胡红伟，闫凌鹏，等．发酵杜仲叶粉对生长育肥猪生长性能和肉品质的影响 [J]．中国饲料，2018（5）：66－70．

[18] 范仁德．中国橡胶工业2025的思考（下）[J]．中国橡胶，2015（23）：22－27．

[19] 方庆红．我国杜仲橡胶产业发展及其在轮胎中的应用展望 [J]．轮胎工业，2020（7）：387－393．

[20] 高桥周七．杜仲中的抗衰老作用及机理 [C] //张康健，苏印泉主编．首届国际杜仲学术会文集．北京：中国林业出版社，1999：159．

[21] 耿国彪．一棵树兴起一个新兴产业 [J]．绿色中国，2017（9）：46－51．

[22] 龚鹏．我国农业产业化经营的有效组织模式 [J]．四川农业科技，2005（9）：9－11．

[23] 龚勤林．论产业链延伸与统筹区域发展 [J]．理论探讨，2004（3）：62－63．

[24] 郭静利．农业产业链稳定机制研究 [D]．北京：中国农业科学院，2010．

［25］国家林业和草原局．中国杜仲产业发展规划（2016～2023年）［R/OL］．2017，https：//www.forestry.gov.cn/.

［26］韩梦语．人力资源与粮食产业经济发展关系研究［D］．武汉：武汉轻工大学，2018.

［27］何伯伟，杨兵勋，王松琳，等．浙江发展铁皮石斛等食药物质产业的对策建议［J］．浙江农业科学，2021（10）：1903-1905，1909.

［28］何景峰．陕西杜仲研究、开发现状及对策［J］．西北林学院学报，2000（1）：64-68.

［29］黄丁容，刘泽发，李平，等．杜仲雄花茶的制作工艺［J］．农技服务，2018，35（3）：6-7.

［30］黄林，丁浩轩，冯杰．杜仲提取物对黄羽肉鸡生长性能及养分消化利用的影响［J］．中国畜牧杂志，2020，56（7）：144-149.

［31］靳军．我国杜仲播种采收有望全面实现机械化［N］．农业科技报，2023-11-09.

［32］靳松．创意产业链结构及整合研究［D］．北京：北京交通大学，2006.

［33］康海澜，方庆红，张继川，等．杜仲胶产业将迎来曙光［N］．中国化工报，2019.

［34］孔韬．杜仲提取物对奶牛生产性能、乳品质、血清生化指标及经济效益的影响［J］．饲料研究，2020，43（11）：27-30.

［35］李超，张彩娇，陈瑞．面向对象的资源管理系统设计与实现［J］．智慧农业导刊，2023（6）：18-21.

［36］李耿，李振坤，李慧，等．我国杜仲中药产业发展战略研究［J］．中国现代中药，2021（4）：567-586.

［37］李海洁，郭国军，郭朝辉，等．饲料中添加杜仲叶粉对黄河鲤体成分、肌肉氨基酸组成和生理指标的影响［J］．水生生物学报，2021，45（6）：1222-1231.

［38］李江月，王建淇，古云．汉中市杜仲资源现状及开发利用对策［J］．现代农业科技，2020（6）：89－92．

［39］李燕舞，姜八一，刘建胜，等．杜仲叶提取物对肉兔生长性能及血清生化、免疫与抗氧化指标的影响［J］．动物营养学报，2019，31（2）：824－830．

［40］廖杨．杜仲橡胶专利技术概况［J］．橡胶科技，2023（21）：265－271．

［41］刘国信．杜仲产业化充满动能［J］．中国林业产业，2017（12）：104－105．

［42］刘妮雅．供给侧结构性改革背景下中国枣产业经济发展问题研究［D］．保定：河北农业大学，2018．

［43］刘钊．现代产业体系的内涵与特征［J］．山东社会科学，2011（5）：160－162．

［44］龙海飞，刘若兰，吴小文，等．我国杜仲领域专利分析［J］．情报探索，2015（6）：56－60．

［45］路志芳，吴秋芳，储曼茹．河南杜仲病虫害防治现状与对策［J］．上海蔬菜，2014（4）：60－62．

［46］罗旭．通江县林业局"四举措"助推杜仲产业持续健康发展［EB/OL］．http：//lyj．cnbz．gov．cn/xwdt/lydt/19489651．html，2020－12－07．

［47］罗振豪．农业产业链延伸对农村经济发展的影响研究［D］．贵阳：贵州财经大学，2023．

［48］迈克尔·波特．竞争优势［M］．陈小悦，译．北京：华夏出版社，2005．

［49］孟志鸿．发展杜仲生猪产业带动农民增加收入——江西省银河杜仲开发有限公司绿色杜仲生猪发展纪实［J］．中国科技投资，2008（8）：44－45．

［50］弥芸，白立强，翟晓江，等．陕西杜仲产业链发展浅析［J］．

农业与技术，2017（21）：77－78.

[51] 钱长江．黔产杜仲道地性特征及其形成机制与林分布局研究 [D]．贵阳：贵州大学，2022.

[52] 芮明杰．产业经济学 [M]．上海：上海财经大学出版社，1996.

[53] 芮明杰．构建现代产业体系的战略思路、目标与路径 [J]．中国工业经济，2018（9）：24－40.

[54] 芮明杰，刘明宇．产业链整合理论述评 [J]．产业经济研究，2006（3）：60－66.

[55] 盛朝迅．制约现代产业体系构建的五大瓶颈与应对之策 [J]．宏观经济管理，2019（6）：12－17.

[56] 石海仁，滚双宝，张生伟，等．杜仲叶对育肥猪生长性能、胴体性状、抗氧化能力及肠道菌群的影响 [J]．动物营养学报，2018，30（1）：350－359.

[57] 舒骥．赤壁市茶产业竞争力评价及其提升策略研究 [D]．武汉：中南财经政法大学，2022.

[58] 宋金秋，燕丽娜，李晖，等．杜仲叶水提物对湘西土鸡生长发育及免疫功能的影响 [J]．中国饲料，2021（24）：29－32.

[59] 孙中杰．河南灵宝建成杜仲国家农业标准化示范基地 [N]．中国质量报，2010－08－16.

[60] 谭春兰．异质性视角下农民专业合作社社员参与行为研究 [D]．成都：西南财经大学，2013.

[61] 田惠平．科技赋能，茶叶蝶变"黄金叶" [J]．湖南农业，2023（5）：40.

[62] 王华安．腾飞中的华中地区安防市场 [J]．中国公共安全，2013（6）：38－44，46.

[63] 王建兰．杜仲育种及综合利用取得重要研究成果 [N]．中国绿色时报，2015－07－24.

［64］王亮亮，唐小兰，王凯，等．杜仲的活性成分和保健功效及杜仲在食品加工中的应用［J］．食品安全质量检测学报，2020（10）：3074－3080．

［65］王效宇，陈毅烽，伍江波，等．湖南省杜仲产业现状调查［J］．经济林研究，2016（4）：158－162．

［66］王效宇，陈毅烽，伍江波，等．湖南省杜仲资源现状调查［J］．林业资源管理，2015（3）：146－150，165．

［67］王瑶．国家杜仲高分子新材料应用研讨会在汉阴举行［EB/OL］．https：//www. ankang. gov. cn/WapContent－64108. html，2014－01－20．

［68］文桑．东北地区城乡居民收入差异空间分异研究［D］．长春：东北师范大学，2014．

［69］吴金明，邵昶．产业链形成机制研究——"4＋4＋4"模型［J］．中国工业经济，2006（4）：36－43．

［70］吴敏，赵阳，马志刚，等．果园化栽培模式杜仲雄花、果实和叶片产量的调查分析［J］．林业科学研究，2014（2）：270－276．

［71］吴彦飞．淮滨：栽下杜仲树 踏上致富路［EB/OL］．https：//www. hntv. tv/daxiangkuplpd/article/1/1398215585497747456. html，2021－05－28．

［72］武毅楠，慕昊言，高梦珂，等．杜仲籽油品质、提取工艺及开发应用研究进展［J］．河南大学学报（医学版），2022，41（5）：313－319．

［73］亚当·斯密．国富论［M］．郭大力，王亚南，译．南京：译林出版社，2011．

［74］杨改青，王林枫，廉红霞，等．杜仲叶对绵羊营养物质消化利用、生长性能及屠宰性能的影响［J］．动物营养学报，2017，29（4）：1383－1391．

［75］杨敬华，蒋和平．农业科技园区集群创新的链式发展模式研究

[J]．科学管理研究，2005（3）：83－86．

[76] 杨平．科技助推林业转型升级，支撑生态文明建设 [J]．中国农村科技，2021（12）：21－24．

[77] 杨彦利．河南省杜仲产业发展有关问题的思考 [J]．河南林业科技，2016（4）：29－31．

[78] 姚红梅，肖克宇，钟蕾．杜仲在养殖业中的应用 [J]．养殖与饲料，2005（2）17－19．

[79] 姚小林．现代冰雪体育产业体系内涵与构建路径 [J]．体育文化导刊，2022（7）：72－77，110．

[80] 郁义鸿．产业链类型与产业链效率基准 [J]．中国工业经济，2005（11）：35－42．

[81] 岳芽，胡竟月，谭欣，等．杜仲雄花活性成分及其生物活性研究进展 [J]．食品研究与开发，2023（18）：219－224．

[82] 臧友维．杜仲皮和叶中的氨基酸成分 [J]．中国中药杂志，1990（1）：43－44．

[83] 张昌伟，彭胜，张琳杰，等．三种杜仲原料栽培平菇效果的比较 [J]．食品工业科技，2014（1）：52－55．

[84] 张翀，任志远，袁鑫．西北地区 NDVI 对水热条件年内变化的响应及其空间特征 [J]．资源科学，2011（12）：2356－2361．

[85] 张聪．聚焦两会：关于食品安全，人大代表委员们这样建言——盘点 2024 年全国两会热点议题 [J]．食品安全导刊，2024（7）：5－8．

[86] 张俊琦．产业链视角下跨境电商对我国进出口贸易的影响 [J]．财经界（学术版），2019（26）：11．

[87] 张康健．杜仲研究进展及存在问题 [J]．西北林学院学报，1994（4）：58－63．

[88] 张康健，王蓝，张凤云，等．杜仲叶与皮有效成分含量的比较研究 [J]．西北林学院学报，1996（2）：44－48．

［89］张瑞筠，黄东兵．贵州杜仲生态产业链培育浅析［J］山地农业生物学报，2013（3）：267－269.

［90］张淑娟，李腾飞．高质量发展背景下我国现代粮食产业体系构建及其实现路径研究［J］．粮油食品科技，2022（4）：35－42.

［91］张喜斌．杜仲是可以"吃干榨净"的扶贫树种［J］．中国林业产业，2017（10）：80－81.

［92］张永康，周强，陈功锡，等．杜仲翅果综合开发利用研究现状与展望［J］．中国野生植物资源，2015，34（1）：53－59.

［93］赵博，上官晨虹，杨慧，等．杜仲保健食品开发现状分析［J］．中草药，2023（15）：5033－5043.

［94］赵铁蕊．中国杜仲产业发展态势、生产效率及优化策略研究［D］．北京：北京林业大学，2015.

［95］赵志超．合成杜仲胶的生产与应用技术进展［C］．中日橡胶技术交流会，2011.

［96］中国林业产业杂志编辑部．杜仲产业大事记［J］．中国林业产业，2019（10）：18－23.

［97］周新生．产业分析与产业策划：方法及应用［M］．北京：经济管理出版社，2005.

［98］周昀菲，杜庆鑫，王志勇，等．蒸汽爆破对杜仲叶水提液活性成分、抗氧化活性及香气组分的影响［J］．南京林业大学学报（自然科学版），2024（3）：245－256.

［99］Davis J，Goldberg R. A concept of agribusiness［R］．Boston，MA：Graduate School of Business Administration，Division of Research Harvard University，1957.

［100］Hu Siuying. A contribution to our knowledge of Tuchung，Eu-commia ulmoides［J］．The American Journal of Chinese Medicine，1979，11（1）：5－37.

[101] North D. Institutions, institutional change and economic performance [M]. Cambridge: Cambridge University Press, 1990.

[102] Sih C J, Ravikumar P R, Huang F C, et al. Isolation and synthesis of pinoresinol diglucoside, a major antihypertensive principle of Tu-chung (Eucommia ulmoides, Oliver) [J]. Journal of the American Chemical Society, 1976 (17): 5412.

[103] Yang H, Xu Z, Xu X Y, et al. Transcriptomic and biochemical analyses revealed the improved growth, lipid metabolism, and flesh quality of grass carp (Ctenopharyngodon idellus) by dietary Eucommia ulmoides bark and leaf supplementation [J]. Journal of Animal Science, 2022, 100: 100.

[104] Yang Liang, Zeyu Tang, Hao Wang, et al. Efect of dietary Eucommia ulmoides oliver polysaccharide on immune function and meat quality of Songliao Black Pigs [J]. Scientific Reports, 2024 (14): 1 - 14.